A HANDBOOK OF KANNADA PROVERBS

A HANDBOOK
OF
KANNADA PROVERBS

WITH

ENGLISH EQUIVALENTS

Ub. NARASINGA RAO

GYAN

Published by

Gyan Publishing House
5, Ansari Road
Daryaganj, New Delhi-110002
Phone: 011-47034999, 9811692060
E-mail: books@gyanbooks.com

Distribution Network
gyanbooks.com
India, USA, Canada, UK, Australia, France

ISBN : 978-81-212-3465-8 (PB)
First Published, 1912

2nd Impression 2020

Printed at: Gyan Press, Delhi.

A Handbook of Kannada Proverbs
Author: Narasinga Rao

CANARESE PROVERBS.

ಅಂಗೈ ಹುಣ್ಣಿಗೆ ಕನ್ನಡಿ ಏಕೆ.

A man need not look into your mouth to see how old you are.
cf. As plain as the nose on a man's face.

ಅಂಡಿಗೆ ಅರಿವೆ ಇಲ್ಲಾ ತುಟಿಗೆ ತೆಳಿ ಇಲ್ಲಾ.

He is so poor that he has no salt to his porridge.

ಅಂದಿಗೆ ಆದೇ ಸುಖ ಇಂದಿಗೆ ಇದೇ ಸುಖ.

A contented mind is a continual feast.

ಅಂಬಟೆ ಕಾಯಿ ಇಲ್ಲದಿದ್ದರೆ ಔತಣ ಉಳಿದೀತೇ.

A feast is not made of mushrooms only.

ಅಂಬಲೀ ಕುಡಿಯುವವನಿಗೆ ಮೀಸೆತಿಕ್ಕುವವನೊಬ್ಬ.

He who has no bread to spare should not keep a dog.
cf. There's nothing agrees worse than a proud mind and a beggar's purse.

ಅಕ್ಕನ ಚಿನ್ನವಾದರೂ ಅಗಸಾಲೆ ಬಿಡಾ.
ಅಣ್ಣನ ಚಿನ್ನವಾದರೂ ಅಗಸಾಲೆ ಗುಂಜಿ ತೂಕ ಕದಿಯದೆ ಬಿಡಾ.

I would cheat my own father at cards.

ಅಕ್ಕ ಸತ್ತರೆ ಅಮವಾಸೆ ನಿಲ್ಲದು ಅಣ್ಣ ಸತ್ತರೆ ಹುಣ್ಣಿಮೆ ನಿಲ್ಲದು.
ಹುಣ್ಣಿಮೆ ಬರುವನಕ ಅಮವಾಸೆ ನಿಲ್ಲದು ಅಮವಾಸೆ ಬರುವನಕ ಹುಣ್ಣಿಮೆ ನಿಲ್ಲದು.

Time and tide wait (or tarry) for no man.

ಅಕ್ಕಿ ಯೆಂದರೆ ಪ್ರಾಣ ನೆಂಟರೆಂದರೆ ಜೀವ.
ನೆಂಟರೆಲ್ಲಾ ಖರೆ ಕಂಟಲೆ ಚೀಲಕ್ಕೆ ಕೈ ಹಾಕ ಬೇಡಿ.
I love you well but touch not my pocket.

ಅಕ್ಕಿ ಸರಿಯಾಗ ಬಾರದು ಅಕ್ಕನ ಮಕ್ಕಳು ಬಡವಾಗ ಬಾರದು.
You can't eat your cake and have it too.
You can't sell the cow, and have the milk too.

ಅಗಸನ ಬಡಿವಾರವೆಲ್ಲಾ ಪರರ ಬಟ್ಟೆಯು ಮೇಲೆ.
He that is proud of his fine clothes gets his reputation from his tailor.
cf. Fine clothes oftentimes hide a base descent.

ಅಗಸರ ಕತ್ತೆ ಕೊಂಡು ಹೋಗಿ ಡೊಂಬರಿಗೆ ತ್ಯಾಗಾ ಹಾಕಿದ ಹಾಗೆ.
ಹಳ್ಳೀ ದೇವರ ತಲೆ ಹೊಡೆದು ಡಿಲ್ಲೀ ದೇವರ ಹೊಟ್ಟೆ ಹೊರೆದ ಹಾಗೆ.
He robs Peter to pay Paul.

ಅಗಸಾಲೆ ಕಿವಿ ಚುಚ್ಚಿದರೆ ನೋವಿಲ್ಲ.
The kick of the dam hurts not the colt.

ಅಗ್ಗ ಸೂರೆ ಅನ್ನವೆಂದು ಸೀರೆ ಬಿಚ್ಚಿ ಉಂಡಳು.
To cut large shives of another man's loaf.
To cut large thongs of another man's leather.
cf. Better belly burst than meat and good drink be lost.

ಅಜ್ಜಿಗೆ ಅರಿವೆಯು ಚಿಂತೆ ಮಗಳಿಗೆ ಗಂಡನ ಚಿಂತೆ ಮೊಮ್ಮಗಳಿಗೆ ಕಜ್ಜಾಯುದ ಚಿಂತೆ
Every heart hath its own ache.

ಅಜ್ಜಿ ಸಾಕಿದ ಮಗ ಬೊಜ್ಜಕ್ಕೂ ಬಾರದು.
The grandmother's correction makes no impression
cf. Mothers' darlings are but milksop heroes.

ಅಡವಿಯು ಡೊಣ್ಣೆ ಪರದೇಶಿಯು ತಲೆ.

It is good to strike the serpent's head with your enemy's hand.

ಅಡಿಕೆ ಉಡಿಯಲ್ಲಿ ಹಾಕ ಬಹುದು ಮರವಾದ ಮೇಲೆ ಕೂಡದು.

ಗಿಡವಾಗಿ ಬೊಗ್ಗದ್ದು ಮರವಾಗಿ ಬೊಗ್ಗೀತೇ.

A colt you may break but an old horse you never can.

cf. Destroy the lion while he is but a whelp.

Best to bend while a twig.

ಅಡಿಕೆಗೆ ಹೋದ ಮಾನ ಆನೆ ಕೊಟ್ಟರೂ ಬಂದೀತೇ.

A wounded reputation is seldom cured.

ಅಡೋದು ಗಂಡಳಗೆ ಬಡಿಸೋದು ಬೀಗಳಗೆ.

Another threshed what I reaped.

The poor man turns his cake and another comes and takes it away.

Asses carry the oats and horses eat them.

cf. God cures and the doctor takes the fee.

God healeth and the physician hath the thanks.

ಅತಿ ಆಶೆ ಗತಿ ಕೇಡು. (ಅತ್ಯಾಶಾ ಬಹುದುಃಖಾಯ ಅತಿ ಸರ್ವತ್ರ ವರ್ಜಯೇತ್.)

Grasp all and lose all.

Ambition plagues her proselytes.

Much would have more and lost all.

cf. Fling away ambition, by that sin fell the angels.

ಅತಿ ಸ್ನೇಹ ಗತಿ ಕೇಡು.

O'er-great familiarity genders despite.

cf. The greatest hate springs from the greatest love.

ಅತ್ತಿಗೆ ಬಳೆ ತೊಟ್ಟರೆ ಕೈ ಕೊಡಹಿದರೆ ಹೋದೀತೇ.

'Tis in vain to kick after you have once put on fetters.

ಅತ್ತೆ ಯೊಡೆದ ಪಾತ್ರೆಗೆ ಬೆಲೆ ಇಲ್ಲ.
A burthen of one's own choice is not felt.

ಅನ್ಯಾಯದಿಂದ ಘಳಿಸಿದ್ದು ಅಷಡ್ಡಾಳಾಗಿ ಹೋಯಿತು.
cf. ವಂಚನೆಯು ಗಂಟು ಸಂಚಯನೆಗೆ ಬಾರದು.
Evil gotten, evil spent.
Ill-gotten goods seldom prosper.
Ill-gotten wealth thrives not to the third heir.

ಅಪ್ಪ ತಿಂದರೆ ಸಾಲದೋ ಕಾವಲಿ ಛಿದ್ರ ಏಕೆ.
No matter what the vessel, so the wine in it be good.
cf. If the counsel be good, no matter who gave it.

ಅಬದ್ಧಕ್ಕೆ ಅಪ್ಪಣೆಯೇ ಅಂದರೆ ಬಾಯಿಗೆ ಬಂದಷ್ಟು.
No law for lying.

ಅರಗಿನಂತೆ ತಾಯಿ ಮರದಂತೆ ಮಕ್ಕಳು.
ಅಮ್ಮನ ಮನಸ್ಸು ಬೆಲ್ಲದ ಹಾಗೆ ಮಗಳ ಮನಸ್ಸು ಕಲ್ಲಿನ ಹಾಗೆ.
Many a good cow hath but a bad calf.

ಅರೆದವ ಕುಡಿದಾನು.
As I brew, so I must drink; and as I brew, so I must bake.

ಅರಮನೆಯು ಮುಂದಿರ ಬೇಡ ಕುದುರೆಯು ಹಿಂದಿರ ಬೇಡ.
A great man and a great river are often ill neighbours.

ಅರಸನ ಕಂಡ ಹಾಗಾಯಿತು, ಬಿಟ್ಟೀಮಾಡಿದ ಹಾಗಾಯಿತು.
To kill two birds with one stone.

ಅರಸನ ಕುದುರೆ ಲಾಯದಲ್ಲೇ ಮುಪ್ಪಾಯಿತು.
The best medals lose their lustre unless brightened by use.

ಅರೆಪಾವಿನವರ ಆರ್ಭಟ ಬಹಳ.

Great braggers little doers.
cf. Arrogance is a weed that grows on a dunghill.

ಅವರವರಿಗೆ ಎಣ್ಣೆ ಸೀಗೆ.

They agree like cats and dogs.

ಅಲ್ಪ ವಿದ್ಯಾ ಮಹಾ ಗರ್ವಿ.

He that knows least commonly presumes most.

ಅಲ್ಪಗೆ ಐಶ್ವರ್ಯ ಬಂದರೆ ಅರ್ಧರಾತ್ರಿಯಲ್ಲಿ ಕೊಡೆ ಹಿಡಿಸಿಕೊಂಡ.

No pride like that of an enriched beggar.
cf. Beggars mounted run their horses to death.

ಅಲ್ಪರ ಸಂಗ ಅಭಿಮಾನ ಭಂಗ.

cf. ಹೊಲೆಯನ ಸಂಗ ಉಪ್ಪಿನ ಕಾಯಿಗೆ ಕೇಡು.

Evil communications corrupt good manners.
cf. Who keeps company with a wolf will learn to howl.

ಅಳಿವುದೇ ಕಾಯ ಉಳಿವುದೇ ಕೀರ್ತಿ.

Good deeds remain, all things else perish.
cf. Good men must die but death cannot kill their names.

ಆಕಳು ಕಪ್ಪಾದರೆ ಹಾಲು ಕಪ್ಪೇ.

A black hen will lay a white egg.

ಆಗಕ್ಕೆ ಭೋಗವೇ ಸಾಕ್ಷಿ.

Every sin carries its own punishment.

ಆಗರಕ್ಕೆ ಹೋಗಿ ನನ್ನ ಗಂಡ ಗೂಬೆ ತಂದ.

He has been out a hawking for butterflies.
cf. Thou hast dived deep into the water and hast brought up a potsherd.
To fish for a herring and catch a sprat.

ಆಗೋ ಪೂಜೆ ಆಗುತ್ತಿರಲಿ ಊದೋ ಶಂಖ ಊದಿ ಬಿಡುವ.

Do what thou ought, let come what may.

cf. That dog barks more out of custom than care of the house.

ಆಚಾರ್ಯರಿಗೆ ಮಂತ್ರಕ್ಕಿಂತ ಉಗುಳು ಹೆಚ್ಚು.

Here is great cry but little wool.

cf. A deluge of words and a drop of sense.

ಅಡಿ ತಪ್ಪ ಬೇಡ ಓಡಿ ಸಿಕ್ಕ ಬೇಡ.

Be slow to promise and quick to perform.

ಆಡುತ್ತಾ ಆಡುತ್ತಾ ಭಾಷೆ, ಹಾಡುತ್ತಾ ಹಾಡುತ್ತಾ ರಾಗ

Practice makes perfect.

ಆಡುವವರ ಮಕ್ಕಳು ಆಡಬೇಕು ಬೇಡುವವರ ಮಕ್ಕಳು ಬೇಡಬೇಕು.

Every man to his trade, quoth the boy to the bishop.

ಆಡುವದು ಮಡಿ, ಉಂಬೋದು ಮೈಲಿಗೆ.

ನುಡಿ ಪುರಾತನ, ನಡೆ ಕಿರಾತನ.

cf. ಓದುವದು ಕಾಶಿ ಖಂಡ, ತಿನ್ನುವದು ಮಂಕಿ ಕೆಂಡ.

ಓದುವದೇ ಶಾಸ್ತ್ರ, ಇಕ್ಕುವದೇ ಗಾಳ.

They talk like angels but live like men.

Many talk like philosophers and live like fools.

ಆತ್ಮ ಕಾದು ಧರ್ಮ.

Charity begins at home.

ಆದರೆ ಹೋದರೆ ಹತ್ತಿ ಬೆಳೆದರೆ ಅಜ್ಜಿ ನಿನಗೊಂದು ಪಟ್ಟೆ ಸೀರೆ.

ಮೊಟ್ಟುಗಲ್ಲು ಚಿನ್ನವಾದರೆ ನಿನಗೆ ಅರೆವಾಸಿ ನನಗೆ ಅರೆವಾಸಿ.

If wishes were horses beggars would ride.

ಆನೇ ಕೈಲಿ ಕಬ್ಬು ಕೊಟ್ಟ ಹಾಗೆ.

As irrecoverable as a lump of butter in a greyhound's mouth.

ಆನೆ ಮೆಟ್ಟಿದ್ದೇ ಸಂದು ಸೆಟ್ಟಿ ಕಟ್ಟಿದ್ದೇ ಪಟ್ಟಣ.

All things that great men do are well done.
cf. A great man's foolish sayings pass for wise ones.

ಆನೆಯು ಭಾರ ಆನೆಗೆ ಇರುವೆಯು ಭಾರ ಇರುವೆಗೆ.

No one knows the weight of another's burden.

ಆಪತ್ತಿಗೆ ಹರಕೆ ಸಂಪತ್ತಿಗೆ ಮರವು.

Vows made in storms are forgotten in calms.
cf. Some are atheists only in fair weather.

ಆರು ಯತ್ನ ತನ್ನದು ಏಳನೇದು ದೈವೇಚ್ಛೆ.

cf. ಹಾಕೋದು ಬಿತ್ತೋದು ನನ್ನಿಚ್ಛೆ; ಆಗೋದು ಹೋಗೋದು ದೇವರಿಚ್ಛೆ.

Do all you can and leave the rest to Providence.
cf. Get thy spindle and thy distaff ready and God will send the flax.

ಆರು ಹಡದಾಕೆಯು ಮುಂದೆ ಮೂರು ಹಡದಾಕೆ ಆಚಾರ ಹೇಳಿದಳು.

ಅಜ್ಜಿಗೆ ಮೊಮ್ಮಗಳು ಕೆಮ್ಮು ಕಲಿಸಿದಂತೆ.

Shall the goslins teach the goose to swim.
cf. Teach your grandmother to suck eggs.

ಆಲಸ್ಯಂ ಅಮೃತಂ ವಿಷಂ.

Idleness is the root of all evil.

ಆಲಸ್ಯದವರಿಗೆ ಎರಡು ಕೆಲಸ ಲೋಭಿಗೆ ಮೂರು ಖರ್ಚು.

Idle folks have the most labor.
A sluggard takes one hundred steps because he would not take one in due time.

ಆಶೆ ಹೆಚ್ಚಾಯಿತು ಆಯುಷ್ಯ ಕಮ್ಮಿಯಾಯಿತು.

He hath the desire but not the capacity.

ಆಶೆಗೆ ಸಾಶವಿಲ್ಲ.

Avarice is never satisfied.

ಆಷಾಡದ ಗಾಳಿ ಬೀಸಿ ಬೀಸಿ ಬಡಿವಾಗ ಹೇಸಿ ನನ್ನ ಜೀವ ಹೆಂಗಸಾಗ ಬಾರದೆ.

The pine wishes herself a shrub when the axe is at her foot.

ಇಕ್ಕಲಾರದ ಕೈ ಎಂಜಲು.

An ill paymaster never wants an excuse.

ಇಕ್ಕುವವಳು ನಮ್ಮವಳಾದರೆ ಕೊಟ್ಟಿಗೆಯಲ್ಲಾದರೂ ಉಣಲಕ್ಕು.

A friend in court makes the process short.

ಇಕ್ಕೇರಿ ತನಕ ಬಳಗ, ಮಾನ ಮುಚ್ಚಲಿಕ್ಕೆ ಅರಿವೆ ಇಲ್ಲ.

ಹೆಸರಿಗೆ ಹೊನ್ನ ಹೆಗ್ಗಡೆ, ಎಸರಿಗೆ ಅಕ್ಕಿ ಇಲ್ಲ.

ಹೆಸರು ಕ್ಷೀರಸಾಗರ ಭಟ್ಟ, ಮಜ್ಜಿಗೆ ನೀರಿಗೆ ತತ್ವಾರ.

Fame is a magnifying glass.

ಇಡೀ ಮುಳುಗಿದರೂ ಮೂಗು ಮೇಲೆ.

Though vanquished, he could argue still.

ಇದ್ದ ಊರ ಸುದ್ದಿ ಇದ್ದಲ್ಲಿ ತೆಗೆಯ ಬಾರದು. ಜೇವ್ರಾರ ಸುದ್ದಿ ಹೋದಲ್ಲಿ ತೆಗೆಯ ಬಾರದು.

Go into the country for what news in town.

ಇದ್ದದ್ದು ಹೇಳದರೆ ಹದ್ದಿನಂತೆ ಮೋರೆಯಾಯಿತು.

ನಿಜವಾಡಿದರೆ ನಿಷ್ಠೂರ.

A truth teller finds the doors closed against him.

ಇದ್ದದ್ದು ಹೋಯಿತು ಮದ್ದಿನ ಗುಣ.
He was well, would be better, took physic and died.
cf. Striving to be better we oft mar what is well.

ಇದ್ದಲು ಮಶಿಯುಂಥಾ ಮೈಯ್ಯ ಉಜ್ಜಿ ಉಜ್ಜಿ ತೊಳೆದರೂ ಇದ್ದ ರೂಪ ವಲ್ಲದೆ ಪ್ರತಿ ರೂಪವಾಗದು.
Crows are never the whiter for washing themselves.

ಇದ್ದಲ್ಲಿ ಗವುಡ ಹೋದಲ್ಲಿ ಕಿವುಡ.
ತನ್ನ ಊರಿಗೆ ರಂಗ ಪರ ಊರಿಗೆ ಮಂಗ.
An argus at home but a mole abroad.
cf. Every dog is a lion at home.

ಇಬ್ಬರ ನ್ಯಾಯ ಒಬ್ಬನಿಗೆ ಆಯ.
Two dogs strive for a bone and the third runs away with it.
cf. If the frog and mouse quarrel, the kite will see them agreed.

ಇಲ್ಲದ ಬದುಕಮಾಡಿ ಇಲಿಯಪ್ಪಗೆ ಚಲ್ಲಣ ಹೊಡಿಸಿದ.
He puts a hat on an hen.
He is making clothes for fishes.

ಇಲಿಯು ವ್ಯಾಜ್ಯಕ್ಕೆ ಬೆಕ್ಕು ಸಾಕ್ಷಿ.
A fox should not be of the jury at a goose's trial.

ಇಲಿ ಹೆಚ್ಚಿತೆಂದು ಮನೆಗೆ ಉರಿಯನಿಡಬಾರದು.
Burn not your house to fright away the mice.

ಎಡದ ನೆತ್ತಿಗೆ ಬಡಿದರೆ ಬಲದ ನೆತ್ತಿಗೆ ತಾಗಿತು.
He struck at Tib but down fell Tim.

ಈ ಕಾಲಕ್ಕೆ ಅಡ್ಡ ಬಿಡ್ಡ, ಮುಂದಕ್ಕೆ ಓಡಿನ ಉಪ್ಪರಿಗೆ.
Always you are to be rich next year.

ಉಂಡದ್ದು ಉಂಡ ಹಾಗೆ ಹೋದರೆ ವೈದ್ಯನ ಹಂಗೇನು.

Piss clear and defy the physician.

ಉಂಡ ಮನೆಗೆರಡನ್ನು ಬಗೆವಾತನೆ ಮೂರ್ಖ.

Cast no dirt into the well that gives you water.
Never cast dirt into that fountain of which thou hast sometimes drunk.

ಉಂಡವನಿಗೆ ಊಟ ಬೇಡ ಗುಂಡು ಕಲ್ಲಿಗೆ ಎಣ್ಣೆ ಬೇಡ.

ಉಂಡವನಿಗೆ ಹಸಿವೆ ಇಲ್ಲ.

The belly that is full may well fast.

ಉಂಡಿಯೋನೋ ಗುಂಡಾ ಅಂದರೆ ಮುಂಡಾಸು ಮೂವತ್ತು ಮೊಳ.

I talk of chalk and you of cheese.
I am talking of hay, and you of horse beans.
I ask for a fork and you bring me a rake.

ಉಂಬಾಗ ಉಡುವಾಗ ಊರೆಲ್ಲಾ ನೆಂಟರು.

Now I have got an ewe and a lamb, everyone cries welcome, Peter.
Now I have a sheep and a cow, everybody bids me goodmorrow.
The rich never want for kindred.
Every one is kin to the rich man.
A full purse never lacks friends.

ಉಂಬೋಕೆ ಉಡೋಕೆ ಅಣ್ಣಪ್ಪ ಕೆಲಸಕ್ಕೆ ಮಾತ್ರ ದೊಣ್ಣಪ್ಪ.

ಕಡ್ಲೆಗೆ ಮುಂದು ಕಡಿವಾಣಕ್ಕೆ ಹಿಂದು.

ಸಂಬಳಕ್ಕಾದರೆ ಮುಂದೆ ಚಾಕರಿಗಾದರೆ ಹಿಂದೆ.

He has two stomachs to eat and one to work.
To quake at work and sweat at meals.

ಉಗುರಿನಲ್ಲಿ ಹೋಗುವದಕ್ಕೆ ಕೊಡಲಿ ಯಾಕೆ.

He opens the door with an axe.
cf. To make a mountain of a molehill.

ಉಗಿದರೆ ತುಪ್ಪ ಕೆಡುತ್ತದೆ ನುಂಗಿದರೆ ಗಂಟ್ಲು ಕೆಡುತ್ತದೆ.

To have a wolf by the ears.
cf. To be between the two horns of a dilemma.

ಉಡೋಕೆ ಇಲ್ಲದವ ವೈಲಿಗೆಗೆ ಹೇಸಾ, ಉಂಬೋಕೆ ಇಲ್ಲದವ ಎಂಜಲಿಗೆ ಹೇಸಾ.

A hungry dog will eat dung.

ಉಣ್ಣ ಬೇಡ ತಿನ್ನ ಬೇಡ ಹೊಗೆಯು ಬಾಯಿಯಲ್ಲಿ ಸತ್ತೆ.

As busy as a good wife at an oven and neither meal nor dough.

ಉತ್ತಮನೆತ್ತ ಹೋದರೂ ಶುಭವೇ.

A good man is ever welcome.
cf. A good man is never out of season.

ಉತ್ತಮ ಹೊಲ, ಮಧ್ಯಮ ವ್ಯಾಪಾರ, ಕನಿಷ್ಠ ಚಾಕರಿ.
ಕೃಷಿತೋನಾಸ್ತಿ ದುರ್ಭಿಕ್ಷಂ.

Good husbandry is the first step towards riches.

ಉತ್ತರಶ್ವಾಸ ಹೋಗುವಾಗ ಉಪ್ಪರಿಗೆ ಹಿಡಿದರೆ ತಡವೀತೇ.

A drowning man will catch at a rush.

ಉದ್ಯೋಗಂ ಪುರುಷ ಲಕ್ಷಣಂ

Business makes a man as well as tries him.
cf. Business is the salt of life.
It is working that makes a workman.

ಉರಿಯುವ ಬೆಂಕಿಯಲ್ಲಿ ಎಣ್ಣೆ ಹೊಯಿದ ಹಾಗೆ.

To add fuel to the fire.
cf. To cast oil into the fire is not the way to quench it.

ಉಳಿ ಸಣ್ಣದಾದರೂ ಮರಾ ಕಡಿಯೋದು ಬಿಡದು

Little strokes fell great oaks.

ಊಟ ಬಲ್ಲವನಿಗೆ ರೋಗವಿಲ್ಲ ಮಾತು ಬಲ್ಲವನಿಗೆ ಜಗಳವಿಲ್ಲ.

Eat and drink measurely and defy the mediciners.
Feed sparingly and defy the physicians.
cf. Diet cures more than the lancet.

ಊರ ಮುಂದೆ ಕಂಟೆ ಇಟ್ಟರೆ ಒಬ್ಬ ಕಡದು ಅಂದ, ಒಬ್ಬ ಬಳದು ಅಂದ.

ಊರ ಮುಂದೆ ಸೇಗಲು ಹೊಡಿದರೆ ಕಂಡ ಕಂಡವರಿಗೆಲ್ಲಾ ಒಂದು ಮಾತು.

A house built by the wayside is either too high or too low.

ಊರಿಗೊಬ್ಬ ಹೆಗ್ಗಡೆ ಗೋಲೆಗೊಂದು ಬಸವ.

What's an army without a general.

ಊರು ದೂರವಾಯಿತು ಕಾಡು ಹತ್ತರವಾಯಿತು.

ಕುಣಿಯ ಮುಂದಣ ಹೆಣ.

He has already one foot in the grave.

ಊರೆಲ್ಲಾ ಸೂರೆ ಆದ ಮೇಲೆ ಬಾಗಲು ಮುಚ್ಚಿದರು.

When the daughter is stolen shut Pepper gate.
He brings his machines after the war is over.
When the wine is run out you stop the leak.

ಎಡವಿದ ಕಾಲು ಎಡವುವದು ಹೆಚ್ಚು.

Misfortunes come by forties.
Misfortunes seldom come alone.

ಎಡರಿಸೊಳ್ ಎದೆ ಗುಂದ ಬಾರದು.

Set hard heart against hard hap.

ಎಣ್ಣೆ ಅಳೆದ ಮಾನದ ಜಿಡ್ಡು ಹೋದೀತೇ.

He that measureth oil shall anoint his fingers.
cf. He that deals in dirt has foul fingers.
He that handles pitch shall foul his fingers.

ಎತ್ತ ಬಿದ್ದರೂ ಮೂಗು ಮೇಲೆ.
Like a cat he'll still fall upon his legs.
cf. Though vanquished he could argue still.

ಎತ್ತ ಹೋದರೂ ಮೃತ್ಯು ಬಿಡದು
Death meets us everywhere.

ಎತ್ತಿನ ಮುಂದೆ ತೆಂಗಿನ ಕಾಯಿ ಹಾಕಿದ ಹಾಗೆ.
It is like nuts to an ape.
cf. What should a cow do with a nutmeg.

ಎತ್ತು ಎರೆಗೆ ಎಳೆಯಿತು ಕೋಣ ಕೆರೆಗೆ ಎಳೆಯಿತು.
All men row galley way.

ಎತ್ತು ಒಳ್ಳೇದಾದರೆ ಇದ್ದ ಊರಲ್ಲೇ ಗಿರಾಕಿ.
ರತ್ನ ಒಳ್ಳೇದಾದರೆ ಇದ್ದ ಠಾವಿನಲ್ಲೇ ಬೆಲೆ ಯಾಗುತ್ತದೆ.
Good ware makes a quick market.

cf. ಎರಡು ದಾಸರಿಗೆ ನಂಬಿ ಕುರುಡ ದಾಸ ಕೆಟ್ಟ.
Between two stools fall to the bottom.
cf. If you run after two hares you will catch neither.

ಎರಡೂ ಕೈ ತಟ್ಟಿದರೆ ಶಬ್ದ.
The second blow makes the fray.

ಎರವಿನವರು ಎರವು ಕಸಕೊಂಡರೆ ಕೆರವಿನ ಹಾಗೆ ಮೋರೆಯಾಯಿತು.
If every bird takes back its own feathers you will be naked.

ಎರವು ಸಿರಿಯಲ್ಲಾ ಬಾವು ಡೊಳ್ಳಲ್ಲ. ನೆರೆಮನೆಯ ಅಕ್ಕನ ಗಂಡ ಭಾವನಲ್ಲ.
Borrowed garments never set well.
cf. He that trusts to borrowed plough will have his land lie fallow.

ಎಲ್ಲರೂ ಪಾಲಕಿಯಲ್ಲಿ ಕೂತರೆ ಹೊರುವವರು ಯಾರು.
All men can't be masters.

ಎಲ್ಲಾ ಬಣ್ಣ ಮಸಿ ನುಂಗಿತು.
ಹಲವು ಚಿತ್ತಾರ ಮಸಿ ನುಂಗಿತು.
A small demerit extinguishes a long service.
cf. One cloud is enough to eclipse all the sun.

ಎಷ್ಟು ನೂತರೂ ಹಂಜಿಯಲ್ಲದೆ ನೂಲಲ್ಲ.
To have nothing but one's labor for one's pains.
cf. You sift night and day and get nothing but bran.

ಎಳೆಗಾಗಿ ಬಾಲ ಕಳಕೊಂಡಿತು.
ಹಿಡಿ ಕಾಳಿಗೆ ಪಡಿ ಕಾಳು ಕಳಕೊಂಡ.
ಒಪ್ಪಾನಕ್ಕಿಗೆ ಇಪ್ಪಾನಕ್ಕಿ ನಾಯಿ ತಿಂದಿತು.
To lose a ship for a half-penny worth of tar.
cf. Forsake not the market for the toll.
Catch not at the shadow and lose the substance.

ಏರಿದವ ಇಳಿದಾನು.
He that climbeth will have a fall.
Pride goes before a fall.
cf. A flow will have an ebb.
Every tide hath its ebb.
cf. He who swells in prosperity shrinks in adversity.

ಏಳರಲ್ಲಿ ಬರಲೋ ಎಪ್ಪತ್ತರಲ್ಲಿ ಬರಲೋ.
Better eat grey bread in your youth than in old age.

ಒಂದು ಅತ್ತೆ ಕಾಲ ಒಂದು ಸೊಸೆ ಕಾಲ.
Every man hath his lot.
cf. Every dog hath its day and every man his hour.

ಒಂದು ಕಣ್ಣಿಗೆ ಬೆಣ್ಣೆ ಮತ್ತೊಂದು ಕಣ್ಣಿಗೆ ಸುಣ್ಣ ತೊಡೆಯಬಹುದೇ.
Make not fish of one and flesh of another.

ಈ ಕಿವೀಲಿ ಕೇಳಬೇಕು ಆ ಕಿವೀಲಿ ಬಿಡಬೇಕು.

cf. ಕಂಡದ್ದು ಕಾಣೆ ಉತ್ತಮವು, ಕಂಡದ್ದು ಕಂಡೆ ಮಧ್ಯಮವು, ಕಾಣದ್ದು ಕಂಡೆ ಅಧಮವು.

In at one ear and out at the other.

ಒಂದು ಸಾರಿ ಬಿದ್ದ ಬಾವಿಗೆ ಹಂದಿಯಾದರೂ ಬೀಳದು.
Even an ass will not fall twice on the same quicksand.
cf. Beware of the stone thou stumbledst at before.
It is a silly fish that is caught twice with the same bait.
It is my own fault if I am deceived by the same man twice.

ಒಂದು ಸಿಟ್ಟಿನಲ್ಲಿ ಬಾವಿಗೆ ಬಿದ್ದರೆ ಏಳು ಸಿಟ್ಟಿನಲ್ಲಿ ಏಳಕೂಡದು.
A man in a passion rides a horse than runs away with him.
cf. 'Tis easy to fall into a trap but hard to get out again.

ಒಕ್ಕಣ್ಣರ ರಾಜ್ಯಕ್ಕೆ ಹೋದರೆ ಒಕ್ಕಣ್ಣು ಮುಚ್ಚಿ ನಡೆಯ ಬೇಕು.
If you go to Rome, do as the Romans do.

ಒಡಂಬಡಿಕೆಯಿಂದ ಆಗುವದು ದಡಂಬಡಿಕೆಯಿಂದ ಆದೀತೇ.

cf. ನಯಶಾಲಿಯಾದವ ಜಯಶಾಲಿಯಾದಾನು.

Mildness governs more than anger.
cf. Kindness is the noblest weapon to conquer with.

ಒಪ್ಪೊತ್ತು ಉಂಡವ ಯೋಗಿ ಎರಡು ಹೊತ್ತು ಉಂಡವ ಭೋಗಿ ಮೂರು ಹೊತ್ತು ಉಂಡವ ರೋಗಿ ನಾಲ್ಕು ಹೊತ್ತು ಉಂಡವನ ಹೊತ್ತು ಕೊಂಡು ಹೋಗಿ.

Surfeits slay mae than swords.

ಒಬ್ಬನಿಗಿಂತ ಇಬ್ಬರು ಲೇಸು.

Two eyes see more than one.

cf. Four eyes see more than two.

ಒರಳಲ್ಲಿ ಕೂತರೆ ಒನಿಕೇ ಪೆಟ್ಟು ತಪ್ಪಿಸ ಬಹುದೇ.

He that handles thorns shall smart for it.

cf. Gather thistles and expect prickles.

ಒಲ್ಲದ (ಸೇರದ) ಗಂಡಗೆ ಬೆಣ್ಣೆಯುಲ್ಲಿ ಕಲ್ಲು.

Faults are thick where love is thin.

In an enemy spots are soon seen.

When a man is not liked whatever he doth is amiss.

Where love fails we espy all faults.

cf. If you want a pretence to whip a dog it is enough to say he ate up the frying pan.

ಒಳಗೆ ಬಂದರೆ ಮಾಯಿಯು ಅಲೆ ಹೊರಗೆ ಹೋದರೆ ಚೆವುಳ ಅಲೆ.

Between the devil and the deep sea.

Between Scylla and Charibdes.

ಓಡಕ್ಕೆ ಆಗುವ ಮರ ಕೀಲಿಗೆ ಕಡಿಯು ಬಾರದು.

Make not baulks of good ground.

cf. Make no orts of good hay.

If you would enjoy the fruit pluck not the flower.

ಓಡಲಾರದವ ಒರಳು ಹೊತ್ತು ಓಡೇನೆಂದನಂತೆ.

He must not talk of running that cannot go.

He may ill run that cannot go.

ಓದಿ ಓದಿ ಮರುಳಾದ ಕೋಚ ಭಟ್ಟ.

All work and no play makes Jack a dull boy.

cf. Business and action strengthen the brain but too much study weakens it.

ಕಂಕುಳಲ್ಲಿ ದೊಣ್ಣೆ ಕೈಯಲ್ಲಿ ಸಲಾಂ (or ಶರಣಾರ್ಥಿ.)
ಬಾಯಿಯಲ್ಲಿ ಬೆಲ್ಲ ಕರುಳು ಕತ್ತರಿ.
ಬಾಯಿಯಲ್ಲಿ ಬಸಪ್ಪ ಹೊಟ್ಟೆಯಲ್ಲಿ ವಿಷಪ್ಪ.
ರಾಮ ನಾಮವೆಂದು ಜಪ ಮಾಡುವದು ತಲೆ ಕೊದಲಿನಿಂದ ಕುತ್ತಿಗೆ ಕೊಯ್ಯುವದು.

Fair without and foul within.
A honey tongue and a heart of gall.
All saint without, all devil within.
Saint abroad and a devil at home.

ಕಂಚಿಗೆ ಹೋದರೂ ಮಂಚಕ್ಕೆ ನಾಲ್ಕೇ ಕಾಲು.

An ox remains an ox even if driven to Vienna.

ಕಂಡವರ ಮಕ್ಕಳನ್ನು ಭಾವಿಯಲ್ಲಿ ದೂಡಿ ಆಳ ನೋಡಿದ ಹಾಗೆ.

The barber learns to shave on the orphan's face.
cf. A barber learneth to shave by shaving fools.

ಕಂಡು ಸಾಕಿದ ಮಕ್ಕಳ ಕಣ್ಣು ಕುರುಡು.
cf. ಬೀದೀ ಕೂಸು ಬೆಳೆಯಿತು ಕೋಣೇ ಕೂಸು ಕೊಳೆಯಿತು.

Spare the rod and spoil the child.

ಕಚ್ಚುವ ನಾಯಿ ಬೊಗಳದು ಬೊಗಳುವ ನಾಯಿ ಕಚ್ಚದು.
Barking dogs seldom bite.

ಕಡು ಕೋಪ ಬಂದಾಗ ತಡ ಕೊಂಡವನೇ ಜಾಣ.

He's a wise man that leads passion by the bridle.
cf. Be master of thy anger.
He who overcomes anger subdues his greatest enemy.

ಕಣ್ಣ ಮುಂದೆ ಇದ್ದರೆ ದನ ಬೆನ್ನ ಹಿಂದೆ ಇದ್ದರೆ ಮಗಳು.
The master's eye makes the horse fat.

ಕಣ್ಣಾರೆ ಕಂಡರೂ ಪರಾಮರಿಸಿ ನೋಡಿ ಕೊಳ್ಳ ಬೇಕು.

Judge not of men or things at first sight.
cf. Never judge from appearances.

ಕತ್ತೆ ಕರ್ಕಿಗೆ ಮರುಳು ಗೊಡ್ಡೆಮ್ಮೆ ಹಿತ್ತಲಿಗೆ ಮರುಳು.

A thistle is a fat salad for an ass's mouth.
cf. A barley corn is better than a diamond to a cock.

ಕತ್ತೆ ಕಸ್ತೂರಿ ಹೊತ್ತ ಹಾಗೆ.

An ass is an ass though laden with gold.

ಕದಾ ತಿನ್ನುವವರ ಮನೇಲಿ ಹಪ್ಪಳ ಬಾಳುವದೇ.

He has eaten up the pot and asks for the pipkin.
cf. The dog that licks ashes trust not with a meal.

ಕನ್ನವಿಡುವ ಕಳ್ಳನಿಗೆ ಮನ್ನಿಸಿ ತಂದಹಾಗೆ.

To nourish a viper in one's bosom.

ಕಪ್ಪುರ ತಿಪ್ಪೇಲಿಟ್ಟರೂ ತನ್ನ ವಾಸನೆ ಬಿಟ್ಟೀತೇ.

A myrtle among thorns is a myrtle still.
cf. A diamond is valuable though it lie on a dunghill.
A myrtle standing among nettles, does, notwithstanding, retain the name of a myrtle.

ಕಪ್ಪೆ ಕೂಗಿ ಮಳೆ ಬರಿಸಿತು.

The dirt bird (or dirt owl) sings, we shall have rain.

ಕಬ್ಬು ಸೀ ಎಂದು ಬುಡವರೆಗೆ ಅಗಿಯ ಬಾರದು.
ದ್ರಾಕ್ಷೆ ಸೀ ಎಂದು ಬಳ್ಳಿ ಸಹಾ ತಿನ್ನ ಬಾರದು.

The orange that is too hard squeezed yields bitter juice.
cf. Even sugar itself may spoil a good dish.
Joy surfeited turns to sorrow.

ಕಬ್ಬು ಡೊಂಕಾದರೆ ಸವಿ ಡೊಂಕೇ.

A deformed body may have a beautiful soul.
Black plums may eat as sweet as white.
cf. Black pills may have wholesome effects.

ಕಮ್ಮಾರ ಶಾಲೆಗೆ ಸೂಜಿ ಕೊಂಡು ಹೋದ ಹಾಗೆ.

To carry coals to Newcastle.

ಕರಣ ತಪ್ಪಿದರೆ ಮರಣ.

One wrong step may give you a great fall.
Business neglected is business lost.
cf. A stitch in time saves nine.

ಕರೆದು ಉಣ್ಣುವ ಮೊಲೆ ಕೊಯಿದು ಉಣ್ಣ ಬಾರದು.

Kill not the goose that lays the golden egg.

ಕರೆಯದ ಮನೆಗೆ ಕಳಸಗಿತ್ತಿಯಾಗಿ ಹೋದಂತೆ.

An unbidden guest must bring his own stool with him.

ಕಲ್ಲು ಇದ್ದಾಗ ನಾಯಿ ಇಲ್ಲ ನಾಯಿ ಇದ್ದಾಗ ಕಲ್ಲು ಇಲ್ಲ.

When the cage is ready the bird is flown.

ಕಷ್ಟವಿಲ್ಲದೆ ಇಷ್ಟವಿಲ್ಲ.
ಕೈ ಕೆಸರಾದರೆ ಬಾಯಿ ಮೊಸರು.

No gains without pains.
cf. Nothing venture nothing have.

ಕಸ ತಿನ್ನುವದಕ್ಕಿಂತ ತುಸ ತಿನ್ನ ಬೇಕು.

cf. Better a little with honor than much with shame.

ಕಸವನ್ನು ರಸಮಾಡ ಬೇಕು.

Convert dross into gold.

ಕಳ್ಳ ಕಳ್ಳಗೆ ನೆಂಟು ಹುಳಿ ಮೆಣಸಿಗೆ ನೆಂಟು.

Birds of a feather flock together.

ಕಳ್ಳನ ಹೆಜ್ಜೆ ಕಳ್ಳನೇ ಬಲ್ಲ.

A thief knows a thief as a wolf knows a wolf.
cf. Set a thief to catch a thief.

ಕಳ್ಳನಿಗೆ ಕಡು ನಾಲಿಗೆ.

He that has the worst cause makes the most noise.

ಕಾಂಚನಂ ಕಾರ್ಯಸಿದ್ಧಿ.

Money is the sinew of business.
cf. Money answereth all things.

ಕಾಡಿನಲ್ಲಿ ತಿರುಗಿ ಕಟ್ಟಿಗೆ ಇಲ್ಲ ಅಂದ ಹಾಗೆ.

Ye canna see the wood for trees.

ಕಾಲ ತೊಂಕಿದರೆ ಹಾವು ಕಚ್ಚದೆ ಬಿಡದು.

Tread on a worm and it will turn.
Tramp on a snail and she'll shoot out her horns.
cf. Oppression causeth rebellion.

ಕಾಸು ಇಲ್ಲದ ನರ ಕಲ್ಲಿಗೆ ಸಮ.
ಹಣವಿಲ್ಲದವ ಹೆಣಕ್ಕಿಂತ ಕಡೆ.

He that is known to have no money has neither friends nor credit.

ಕಿಡಿಯಿಂದ ಕಾಡ ಸುಡ ಬಹುದು.

A little fire burns up a great deal of corn.
A small spark makes a great fire.
cf. A little leak will sink a great ship.

ಕೀರ್ತಿಯೇ ಕೈಲಾಸ ಅಪಕೀರ್ತಿಯೇ ನರಕ.

A good reputation is a fair estate.

ಕೀಲು ಸಣ್ಣದಾದರೂ ಗಾಲಿ ನಡಿಸುತ್ತದೆ.

Great engines turn on small pivots.

ಕುಂಡೆ ಬೆಳೆದರೆ ಗೌಡನಾದಾನೇ.

'Tis not the beard that makes the philosopher.
'Tis not the habit that makes the monk.
cf. A man is not a lord because he feeds off fine dishes.

ಕುಂಬಳಕಾಯಿ ಕಳ್ಳ ಅಂದರೆ ಹೆಗಲು ಮುಟ್ಟಿ ನೋಡಿದ.

A guilty conscience needs no accuser.

ಕುಂಬಾರಗೆ ವರುಷ ಡೊಣ್ಣೆಗೆ ನಿಮಿಷ.

An hour may destroy what an age was building.
cf. It is easier to pull down than build.

ಕುಂಬಾರನ ಆವಿಗೆಯಲ್ಲಿ ತಾಂಬ್ರದ ಚೆಂಬು ಹುಡುಕಿದಂತೆ.

Look not for musk in a dog kennel.
cf. He sendeth to the East Indies for Kentish pipkins.
He seeks wool on an ass.

ಕುಣಿಯಲಿಕ್ಕೆ ತಿಳಿಯದಿದ್ದರೆ ಅಂಗಳ ಓರೆ.
ಅಡಿಗೆ ಮಾಡಲಿಕ್ಕೆ ತಿಳಿಯದವಳು ಒಲೆಯನ್ನು ದೂರಿದಳು.
ಎಳೆಯಲಾರದ ಎತ್ತು ಮಿಣಿಯ ಮೇಲೆ ಬಿತ್ತು.

A bad (or an ill) workman quarrels with (or complains of) his tools.

ಕುರಿ ನಂಬುವದು ಕಟುಗನನ್ನು.

Fish follow the bait.

ಕುರುಡಗೆ ಹಗಲೇನು ಇರುಳೇನು.

A mole wants no lanthorn.
cf. A pebble and a diamond are alike to a blind man.

ಕುರುಡರೊಳಗೆ ಮೆಳ್ಳನೇ ಶ್ರೇಷ್ಠ.

cf. ಅಳದ ಊರಿಗೆ ಉಳದವನೇ ಗೌಡ.

In the city of the blind one-eyed man is the king.
cf. Among the people Scoggin is a doctor.

ಕುರುವಿನ ಬೇನೆ ಗುರುವೇ ಬಲ್ಲ.

The wearer best knows where the shoe wrings him.

ಕುರುಡ ಕಣ್ಣಿಗಿಂತ ಮೆಳ್ಳೆಗಣ್ಣು ವಾಸಿ.

Better squinting than blind.
A man were better be half blind than have both his eyes out.
cf. Better a bare foot than no foot at all.
cf. Better half a loaf than no bread.
Of two evils choose the best.

ಕುರುಡಿಯಾಗಲಿ ಕುಂಟಿಯಾಗಲಿ ಮದುವೆ ಹೆಂಡತಿ ಲೇಸು.

ಕೆಮ್ಮುವವಳಾದರೂ ನಮ್ಮವಳೇ ಲೇಸು

Wives must be had, be they good or bad.

ಕುಲವನ್ನು ನಾಲಿಗೆ ಹೇಳುವದು.

A bird is known by its note and a man by his talk.
A man's tongue often speaketh a man.
cf. As a vessel is known by the sound, whether it be cracked or not, so men are proved by their speeches whether they be wise or foolish.

ಕೂತು ಉಣ್ಣುವವನಿಗೆ ಕುಡಿಕೆ ಹಣಸಾಲದು.

Idleness is the greatest prodigality in the world.
cf. Laziness travels so slowly that poverty soon overtakes him.

ಕೂಸು ಕಾಸ ಹಡೆಯದು ಜೋಗುಳ ಮುಗಿಲ ಮುಟ್ಟಿತು.

ಚೋಟು ಉದ್ದ ಮಗುವಿಗೆ ಗೇಣು ಉದ್ದ ಕುಲಾವಿ.

A great ceremony for a small saint.

ಕೊಳಂ ಚೆಲ್ಲಿದ ಕಡೆ ಸಾವಿರ ಕಾಗೆ.

Where the carcase is the ravens will gather.
cf. Wasps haunt the honey pot.

ಕೆಟ್ಟ ಮೇಲೆ ಬುದ್ಧಿ ಬಂತು.
ಕೆಟ್ಟನಕ ಬುದ್ಧಿ ಬಾರದು ಚೆಟ್ಟನಕ ಯೆಣ್ಣೆ ಬಾರದು.

To be wise after the event.
cf. Misfortunes make us wise.
Adversity makes wise though not rich.

ಕೆಟ್ಟವನಿಗೆ ಚೆಟ್ಟವೆಲ್ಲಾ ಕಣ್ಣು.

They whose guilt within their bosom lies
Imagine every eye beholds their blame.

ಕೆಡುವ ಕಾಲಕ್ಕೆ ಬುದ್ಧಿ ಇಲ್ಲ ಮರಣ ಕಾಲಕ್ಕೆ ಮದ್ದಿಲ್ಲ.

There is no medicine against death.
cf. Death defies Doctor.

ಕೆರೆಯು ಮುಂದೆ ಅರವಟ್ಟಿಗೆಯೇ
ಸಮುದ್ರದ ಮುಂದೆ ಅರವಟ್ಟಿಗೆಯೇ.

He digs the well at the river.

ಕೈ ತಣ್ಣಗೆ ಮಾಡು.

To grease a man in the fist.

ಕೈಗೆ ನಿಲುಕದ್ದು ಸರ್ವ ಪೂಜ್ಯ.

The forbidden fruit is sweet.
cf. Things forbidden have a secret charm.

ಕೈಗೆ ಬಂದ ತುತ್ತು ಬಾಯಿಗೆ ಇಲ್ಲ.

Between the hand and the lip the morsel may slip.
There's many a slip 'twixt the cup and the lip.
Many things fall between the cup and the lip.

ಕೊಂದವನಿಗೆ ಕೊಲೆ ತಪ್ಪದು.

He that slays shall be slain.
cf. Do evil and look for like.

ಕೊಟ್ಟು ಕೆಟ್ಟವರಿಲ್ಲ ತಿರಿದು ಬದುಕಿದವರಿಲ್ಲ.

Alms-giving never made any man poor, nor robbery rich, nor prosperity wise.
cf. One never loseth by doing good turns.

ಕೊಡಲಿ ಕಾವು ಕುಲಕ್ಕೆ ಮೃತ್ಯು.

The axe goes to the wood from whence it borrowed its helve.

ಕೊಡುವವನ ಕಂಡರೆ ಬೇಡುವವರು ಬಹಳ.
ಕೊಟ್ಟ ಕೈ ಆಸೆ ಕೊಡದ ಕೈ ಹೆದರಿಕೆ.

Gifts make beggars bold.

ಕೋಟಿ ವಿದ್ಯೆಯೂ ಕೂಳಿಗೋಸ್ಕರವೇ.
(ಉದರ ನಿಮಿತ್ತಂ ಬಹು ಕೃತ ವೇಷಂ).

The belly teaches all arts.

ಕೋಲು ಮುರಿಯ ಬಾರದು ಹಾವು ಸಾಯ ಬಾರದು.

To hold with the hare, and run with the hound.
cf. To be Jack on both sides.

ಕೋಳೀ ಕಾಲು ಮುರಿದರೆ ದುಡ್ಡು ದುಗ್ಗಾಣಿ.

Sue a beggar and get a louse.

ಕೋಳಿಯ ಕಾಲಿಗೆ ಗೆಜ್ಜೆ ಕಟ್ಟಿದರೆ ತಿಪ್ಪೇ ಕೆರೆಯದೆ ಬಿಟ್ಟೀತೇ.

A hog in armour is still but a hog.

ಖಜ್ಜಿ ಇದ್ದವನಿಗೆ ಲಜ್ಜೆ ಇಲ್ಲ ಸಾಲ ಇದ್ದವನಿಗೆ ಸಡ್ಡೆ ಇಲ್ಲ.

Love, a cough, and itch cannot be hid.

ಗಂಜಿ ಬಿಸಿಯಾದರೆ ಉಪ್ಪಿನ ಕಾಯಿ ಕಚ್ಚಿದ ಹಾಗೆ.

Since he cannot be revenged on the ass he falls on the pack saddle.
cf. They whip the cat if the mistress does not spin.

ಗಂಡ ಪಟ್ಟೆ ತರುತ್ತಾನೆಂದು ಇದ್ದ ಬಟ್ಟೆ ಸುಟ್ಟಳಂತೆ.

Never quit certainty for hope.
cf. He that leaves certainty and trusts to chance when fools pipe he may dance.

ಗಂಡನಿಗೆ ಹೊರಸು ಆಗದು ಹೆಂಡತಿಗೆ ನೆಲ ಆಗದು.

Jack Sprat, he loved no fat, and his wife, she loved no lean so betwixt them both they licked the patterns clean.

ಗಾರ್ಧಭ ಗಾಯನ ಮಾಡುತ್ತಾನೆ.

Thou singest like a bird called swine.

ಗಾಳಿಗೆ ಬಂದದ್ದು ನೀರಿಗೆ ಹೋಯಿತು.

Come wi' the wind an' gae wi' the water.
cf. The tide will fetch away what the ebb brings.

ಗಾಳಿ ಇಲ್ಲದೆ ಎಲೆ ಅಲ್ಲಾಡದು.

No smoke without some fire.

ಗಾಳಿ ಬಂದಾಗಲೇ ತೂರಿ ಕೊಳ್ಳಬೇಕು.

Hoist your sail when the wind is fair.

ಗುಡ್ಡಕ್ಕೆ ಗುಡ್ಡ ಅಡ್ಡ ಉಂಟು.

Hills peep o'er hills, and Alps on Alps arise.
cf. There is no cake but there is the like of the same make.
Every scale hath its counterpoise.

ಗುಬ್ಬಿ ಮೇಲೆ ಬ್ರಹ್ಮಾಸ್ತ್ರವೇ.

He takes a spear to kill a fly.
Take not a musket to kill a butterfly.

ಗುರುವಿನಂತೆ ಶಿಷ್ಯ ತಂದೆಯಂತೆ ಮಗ.

ಯಥಾ ರಾಜಾ ತಥಾ ಪ್ರಜಾ.

Like priest, like people.
Like master, like man.

ಗೇಣು ತಪ್ಪಿದರೆ ಮಾರು ತಪ್ಪುವದು.

ಗೇಣಿಗೆ ತಪ್ಪಿ ಮಾರಿಗೆ ತಪ್ಪಿ ಊರಿಗೆ ತರಿಸಿದಾ.

An inch in missing is as bad as an ell.

ಗೋಮುಖದ ವ್ಯಾಘ್ರ.

A wolf in sheep's clothing.
He is a wolf in a lamb's skin.

ಚರ್ಮ ತೊಳೆದರೆ ಕರ್ಮ ತಪ್ಪೀತೇ.

ನರ್ಮದೆಗೆ ಹೋದರೆ ಕರ್ಮ ತಪ್ಪೀತೇ.

All the water in the sea cannot wash out this stain.

ಚಿಂತೆಯೇ ಮುಪ್ಪು ಸುಖವೇ ಯೌವನ.

A happy heart makes a blooming visage.

ಚಿನ್ನದ ಚೂರಿ ಎಂದು ಕುತ್ತಿಗೆ ಕೊಯಿಸಿ ಕೊಳ್ಳಬಹುದೇ.

Fetters of gold are still fetters and silken cords pinch.
cf. Fetters even of gold are heavy.

ಚೂರಿ ಹದವಾದರೂ ಗಿಡ ಕಡಿಯಲಾರದು.

Long ere you cut down an oak with a penknife.
cf. Would you cut Falkland wood with a penknife?

ಚೇಳಿನ ಮಂತ್ರ ತಿಳಿಯದವ ಹಾವಿನ ಗುದ್ದಿನಲ್ಲಿ ಕೈ ಹಾಕಿದ.

ಬತ್ತಿ ನೂಕಲಾರದ ಬಂಟ ದಳ ನಡಿಸ್ಯಾನೇ.

ಹಗ್ಗಕ್ಕೆ ಹಾರದ ಮೂಳೆ ಸಗ್ಗಕ್ಕೆ ಹಾರ್ಯೇನು ಅಂದ.

He that can't ride a gentle horse must not attempt to break a mad colt.

ಜಗದೀಶ್ವರನ ದಯೆಯಿದ್ದರೆ ಜಗತ್ತೆಲ್ಲಾ ನನ್ನದು.
ಬಂದದ್ದೆಲ್ಲಾ ಬರಲಿ ಗೋವಿಂದನ ದಯೆ ಒಂದಿರಲಿ.

If God be wi' us who will be against us?
Whom God will help none can hinder.

ಜಗಲಿ ಹಾರಿ ಗಗನ ಹಾರಬೇಕು.
ಅಂಗಳ ಹಾರಿ ಗಗನ ಹಾರಬೇಕು.

Learn to creep before you leap.

ಜನ ವಾಕ್ಯಂ ಜನಾರ್ಧನ.

That is true which all men say.
Vox Populi Vox Dei.

ಜಾಗ ನೋಡಿ ಪಾಗ ಹಾಕಬೇಕು.

Try the ice before you venture on it.

ಜಾಣ ಬೆಲ್ಲ ತಿಂದು ಹೆಡ್ಡನ ಬಾಯಿಗೆ ಒರಸಿದಂತೆ.

For faut o' wise men fools sit on binks.

ಜಾಣನಿಗೆ ಮಾತಿನ ಪೆಟ್ಟು ಕತ್ತೆಗೆ ಲತ್ತೆ ಪೆಟ್ಟು.

A nod for a wise man and a rod for a fool.
cf. Few words sufficeth to a wise man.

ಜಾತಿಯ ಬಾಯಿಯಲ್ಲಿ ಪಾಪ್ರೋಸು ಅಂದರೆ ಜನಕ್ಕೆ ದುಡ್ಡು ತೂಕ.
ನೆಂಟರ ಮನೆಗೆ ನಾಯಿ ಹೊಕ್ಕರೆ ಎಂಟು ಮನೆಗೆ ಪೆರಕೆ.

A rotten sheep infects the whole flock.

ಜಾಲಿ ಬಿತ್ತಿದರೆ ಕಾಲಿಗೆ ಮೂಲ.

He who sows brambles must not go barefoot.

ಜೋಗಿಗೆ ಜೋಗಿ ತಬ್ಬಿದರೆ ಮೈ ಎಲ್ಲಾ ಬೂದಿ.

One pirate gets nothing of another but his cask.
cf. What can you expect of a hog but his bristles?

ಠಾಣ್ಯದಲ್ಲಿದ್ದರೆ ಮಾನ್ಯ.

ಊರು ಬಿಟ್ಟರೆ ನಗೆ, ಗಟ್ಟು ಹತ್ತಿದರೆ ಜಗೆ, ಇದ್ದಲ್ಲಿ ಇದ್ದರೆ ಒಂದು ಬಗೆ.

Sit in your place and no one can make you rise.
cf. My house is my castle.

ತಂಗಳು ಉಂಡ ಬಡ್ಡಿ ಗಂಡನ ಹಸಿವೆ ಬಲ್ಲಳೇ?

ಉಣದಿದ್ದವನ ಹಸಿವೆ ಉಂಡವನು ಅರಿಯನು.

He that's full takes no care for him that is fasting.
cf. Little knows the fat sow what the lean one means.

ತಂತ್ರಗಾರನನ್ನು ಕುತಂತ್ರಗಾರ ಜಯಿಸಿದ.

(Art is overcome by art).
Art must be deluded by art.

ತಟಸ್ಥನಾದವನಿಗೆ ತಂಟೆ ಏನು.

Lifeless, faultless.
cf. Death rather frees us from ills than robs us of our goods.

ತಣ್ಣೀರಾದರೂ ತಣಿಸಿ ಕುಡಿಯಬೇಕು.

Blow first and sip afterwards.

ತನಗಲ್ಲದ ಕಣ್ಣು ಹೊಟ್ಟಿದರೇನು ಸೀರಿದರೇನು?

As free as a blind man is of his eye.

ತನಗೆ ತಾನೇ ತಲೆಗೆ ಎಣ್ಣೆ.

Every man for himself and God for us all.
Every herring must hang by its own gill.
Every tub must stand on its own bottom.
cf. God reaches us all good things by our own hands.

ತನ್ನಕ್ಕನ ಅರಿಯದವಳು ನೆರೆಮನೆಯ ಬೊಮ್ಮಕ್ಕನ ಬಲ್ಲಳೇ.

ತನ್ನ ಹೊಟ್ಟೆಗೆ ತಾನು ಹೊರದವನು ಮುನ್ನೂರ ಸಲಹುವನು.

He that is ill to himself will be good to nobody.
Such as are careless of themselves can hardly be mindful of others.

ತನ್ನ ಕಾಲಡಿಯಲ್ಲಿ ಕೊಳೆಯುವ ಕುಂಬಳಕಾಯಿ ಕಾಣದೆ ಪರರ
ಸಾಸಿವೆ ಹೆಕ್ಕಿದನಂತೆ.

Pick out the beam from thine own eye before thou pickest the mote from another's.

cf. Point not at other's spots with a foul finger.

ತನ್ನ ತಾನರಿತರೆ ತಾನಾದಾನು ತನ್ನ ತಾಮರೆತರೆ ತಾಹೋದಾನು.

He that is master of himself will soon be master of others.

cf. Every man a little beyond himself is a fool.

ತನ್ನ ತೋಟದಲ್ಲಿ ತಾನು ಕೈ ಹೇಗೆ ಬೀಸಿದರೇನು.

A cock is a crouse on his ain midden.

ತನ್ನ ಬೆನ್ನು ತನಗೆ ಕಾಣದು ಗುರುಗುಂಜಿಗೆ ಕಪ್ಪು ಕಾಣದು.

The eye that sees all things does not see itself.

ತನ್ನ ಮರಿ ಹೊನ್ನ ಮರಿ ಪರರ ಮರಿ ಕಾಕೆ ಮರಿ.
ಹೆತ್ತವರಿಗೆ ಕೋಡಗ ಮುದ್ದು.

The crow thinks her own bird thé fairest.
Every mother's child is handsome.
The owl thinks all her young ones beauties.
cf. When yet was ever found a mother,
Would give her baby for another's.

'ತಲೆ ಚೆನ್ನಾಗಿದ್ದರೆ ಎತ್ತ ಬೇಕಾದರೂ ತುರುಬು ಕಟ್ಟಿಕೊಳ್ಳಬಹುದು.

Who hath spice enough may season his meat as he pleaseth.

ತಲೆ ಗಟ್ಟಿ ಎಂದು ಕಲ್ಲು ಹಾಯಬಾರದು.

If you leap into a well Providence is not bound to fetch you.

ತಾ ಕಳ್ಳೈ ಆದರೆ ಪರರ ನಂಬಳು.

ತಾ ಕಳ್ಳ ನಾದರೆ ಪರರ ನಂಬಾ.

A thief thinks every man steals.

He that does not speak the truth to me does not believe me when I speak the truth.

cf. All looks yellow to the jaundiced eye.

Every madman thinks all other men mad.

ತಾಗದೆ ಬಾಗದು ಬಿಸಿಯಾಗದೆ ಬೆಣ್ಣೆ ಕರಗದು.

Gold must be beaten and a child scourged.

cf. You can't make an omelet without breaking eggs.

ತಾಗಿ ಬಾಗುವ ಮುನ್ನ ಬಾಗಿ ನಡೆವುದೇ ಲೇಸು.

Keeping from falling is better than helping up.

cf. Prevention is better than cure.

It is nae time to stoop when the head is off.

ತಾನಾಗಿ ಬೀಳುವ ಮರಕ್ಕೆ ಕೊಡಲಿ ಯಾಕೆ?

Press not a falling man too far.

ತಾನೆದ್ದು ಜೇಯಬೇಕು ಬಾನ ಹರಿದು ಬೀಳಬೇಕು.

He that by the plough would thrive himself must either hold or drive.

ತಾನು ಕದಿಯಲಿಲ್ಲಾ ಅರಸಗೆ ಅಂಜಲಿಲ್ಲಾ.

He that is innocent may well be confident.

cf. A clear conscience can bear any trouble.

A clear conscience laughs at false accusations.

ತಾನು ಗರ್ತಿಯಾದರೆ ಸೂಳೆ ಗೇರಿಯಲ್ಲಿ ಮನೆಕಟ್ಟು.

A chaste eye exiles licentious looks.

ತಾನು ನೆಟ್ಟ ಬೀಳು ತನ್ನ ಎದೆಗೆ ಹಂಬಿತು.
ತಾನು ಮಾಡಿದ ರೊಟ್ಟಿ ತನ್ನ ತಲೆಗೆ ಬಡಿಯಿತು.

Clouds that the Sun builds up darken him.
cf. To be caught in one's own net.
I taught you to swim and now you drown me.

ತಾನು ಬೂದಿ ತಿನ್ನುತ್ತಾನೆ ಪರರಿಗೆ ಹಿಟ್ಟು ಕೊಟ್ಟಾನೆ?

He can give little to his servant who licks his own trencher.

ತಾನು ಮಾಡಿದ್ದು ಉತ್ತಮ, ಮಗ ಮಾಡಿದ್ದು ಮಧ್ಯಮ, ಆಳು ಮಾಡಿದ್ದು ಹಾಳು.

Self-done is well done.

ತಾನು ಹಿಡಿದ ಮೊಲಕ್ಕೆ ಮೂರೇ ಕಾಲು.

All that he says is law.
cf. He is very dogmatic.

ತಾನೂ ಕುಡಿಯ ಕುಡಿಯುವವನಿಗೂ ಬಿಡ.

Like a dog in the manger, you'll not eat yourself nor let the horse eat.

ತಾಯಿ ತಲೆ ಒಡೆದರೂ ಲೋಕ ಎರಡು ಪಕ್ಷ.

Every may be hath a may be not.

ತಾಯಿಯನ್ನು ನೋಡಿ ಮಗಳನ್ನು ತೆಗೆದುಕೊ, ಹಾಲು ನೋಡಿ ಎಮ್ಮೆ ತೆಗೆದುಕೊ.
ಕುಲಕಂಡು ಹೆಣ್ಣು, ಮರಕಂಡು ಬಳ್ಳಿ, ಜಲನೋಡಿ ಭಾವಿ.

Take a vine of a good soil and a daughter of a good mother.

ತಾಳಿದವ ಬಾಳ್ಯಾನು.

He that endureth is not overcome.

ತಿನ್ನುವನಕ ಡೊಂಬರಸನ್ನೆ ತಿಂದಮೇಲೆ ಪಾಣರ ವೇಷ.

Eaten bread is soon forgotten.
As soon as you have drunk you turn your back upon the spring.

ತುಂಟ ಕುದುರೆಗೆ ಗಂಟು ಲಗಾಮು.

Restive horses must be roughly dealt with.
A curs'd cur should be short tied.
cf. A mad bull is not to be tied with a packthread.

ತುಂಡು ದೇವರಿಗೆ ಪುಂಡು ಪೂಜಾರಿ.

Like saint, like offering.

ತುಂಡಿಲ್ಲದವನಿಗೆ ತುಂಟನ ಭಯವೇನು ?

A thread-bare coat is armour proof against highwayman.

ತುಂಬಿದ ಕೊಡ ತಡೆದೀತು ಅರೆ ಕೊಡ ಬಡೆದೀತು.
ತುಂಬಿದ ಕೊಡ ತುಳುಕುವದಿಲ್ಲ.

Deep rivers move in silence, shallow brooks are noisy.
Empty vessels give the greatest sound.
Smooth waters run deep.

ತುಚ್ಛನ ಸಂಗಡ ಬಾಳುವದಕ್ಕಿಂತ ಹುಚ್ಚನ ಸಂಗಡ ಬೀಳುವದು ವಾಸಿ.

An honorable death is better than an inglorious life.
Better fare hard with good men than feast with bad.

ತುಟಿ ಕಟ್ಟಿದ ಮೇಲೆ ಮಂಠದ ಭೋಜನವೇಕೆ.

Enough is as good as a feast.

ತುತ್ತು ಕದ್ದವ ಎತ್ತು ಕದಿಯದೆ ಬಿಟ್ಟಾನೇ.
ಅಡಿಕೆ ಕದ್ದವ ಆನೆ ಕದ್ದಾನು.

He that will steal an egg will steal an ox.
He that will steal a pin will steal a better thing.

ತೋಳ ಕುಣಿಗೆ ಬಿದ್ದರೆ ಆಳಗೆ ಒಂದು ಕಲ್ಲು.

If a man once fall all will tread on him.
All the world will beat the man whom fortune buffets.

ದಣಿದ ಎತ್ತಿಗೆ ಮಣುವೇ ಭಾರ.

'Tis the last straw that breaks the camel's back.
cf. A little more breaks a horse's back.
The last drop makes the cup run over.

ದಾಹ ಹತ್ತಿದವನಿಗೆ ಹತ್ತಿ ಕುಡಿವುದಕ್ಕೆ ಕೊಟ್ಟ ಹಾಗೆ.

As fit as a shoulder of mutton for a sick horse.

ದಿಕ್ಕಿಲ್ಲದ ಮನುಷ್ಯನಿಗೆ ದೇವರೇ ಗತಿ. (ಅನಾಥೋ ದೇವ ರಕ್ಷಿತಃ).

God arms the harmless.
cf. God tempers the wind to the shorn lamb.

ದೀವಟಿಗೆಯು ಮುಂದೆ ದೀಪವೇ.

The moon's not seen where the sun shines.
Stars are not seen by sunshine.

ದುಡ್ಡಿಗೆ ನೂರು ಕುರುಳು, ಸುಟ್ಟು ಕೊಂಡು ಸಾಯುವವರ್ಯಾರು.

The cheap buyer buys bad meat.

ದುಷ್ಟಾತ್ಮರಾದವರ ಬಿಟ್ಟು ಕಳೆ ಮನವೇ.
ನಾಚಿಕೆ ಇಲ್ಲದವರ ಕಂಡರೆ ಆಚೆಗೆ ಹೋಗಬೇಕು.

The best remedy against an ill man is much ground between both.

ದೂರದ ನಯು ಕಲ್ಲಿಗಿಂತ ಸಮೀಪದ ಗೋರ್ಕಲ್ಲೇ ಲೇಸು.

A bird in the hand is worth two in the bush.
Better a fowl in hand nor two flying.

ದೂರಕ್ಕೆ ಬೆಟ್ಟ ನುಣ್ಣಗೆ.

'Tis distance lends enchantment to the view.
And robes the mountain in its azure hue.
cf. Far fowls hae fair feathers.

ದೇವರ ಕಡೆಗೆ ಕೈ ಮನೆ ಕಡೆಗೆ ಮೈ.

He looks one way and rows another.
To look one way and move another.
cf. Her hands are on the wheel but her eyes are on the street.

ದೇವರು ಕೊಟ್ಟರೂ ಪೂಜಾರಿ ಬಿಡಾ.

God sends corn and the devil mars the sack.

ದೊಡ್ಡವನು ತಿಂದರೆ ಮದ್ದಿಗೆ ತಿಂದ, ಬಡವನು ತಿಂದರೆ ಹೊಟ್ಟೆಗೆ ಇಲ್ಲದೆ ತಿಂದ.

Great men's vices are accounted sacred.
Rich men have no faults.
cf. He who is rich can have no vice and he that is poor, no virtue.

ಧರ್ಮಕ್ಕೆ ಕೊಟ್ಟ ಎಮ್ಮೆಯ ಹಲ್ಲು ಹಿಡಿದು ನೋಡುವರೇ.
ಧರ್ಮಕ್ಕೆ ಕೊಟ್ಟ ಧಟ್ಟಿ ಹಿತ್ತಲಿಗೆ ಹೋಗಿ ಮೊಳ ಹಾಕಿ ನೋಡಿದಾ.

Look not a gift horse in the mouth.

ಧೈರ್ಯ ಉಂಟಾದವಗೆ ಧೈವ ಸಹಾಯ ಉಂಟು.

Bold resolution is the favourite of Providence.
Fortune favors the brave.
cf. A stout heart crushes ill-luck.
Fortune gives her hand to a bold man.

ಧೋತ್ರ ದೊಡ್ಡದಾದರೆ ಗೋತ್ರ ದೊಡ್ಡದೇ.

It is not the gay coat that makes the gentleman.
More goes to the making of a fine gentleman than fine clothes.

ನಡುಗುವವನಮೇಲೆ ಸತ್ತ ಹಾವು ಬಿದ್ದ ಹಾಗೆ.
ಅಂಜಿದವನಮೇಲೆ ಕಪ್ಪೆ ಬಿದ್ದ ಹಾಗೆ.
ಹಂದಿ ಹಾದವನಿಗೆ ಕಗ್ಗಲ್ಲು ಕಂಡರೆ ಭಯ.

Whom a serpent has bitten a lizard alarms.

ನಮ್ಮ ಗಡ್ಡವೇ ಗಡ್ಡ ಪರರ ಗಡ್ಡ ಇಪ್ಪಣ ವಡ್ಡ.

Every bird likes its own nest the best.
Every one thinks his own geese swans.

ನಯವಿದ್ದಲ್ಲಿ ಭಯ ವಿಲ್ಲ

Soft words break no bones.

ನಯಶಾಲಿ ಯಾದವ ಜಯಶಾಲಿ ಯಾದಾನು.

Soft and fair goes far.
cf. Soft words are hard arguments.

ನರಕಕ್ಕೆ ನವದ್ವಾರ ನಾಕಕ್ಕೆ ಒಂದೇದ್ವಾರ.

Narrow is the way that leadeth to heaven, and broad is the way that leadeth to destruction.

ನಳಚಕ್ರವರ್ತಿಯಾದರೂ ಆಳವು ತಪ್ಪಲಿಲ್ಲ.

The brightest of all things, the sun hath its spots.
Arthur himself had but his time.
cf. The fairest rose has at last withered.

ನಾಗಮಲ್ಲಿಗೆ ಹೂವು ಪೂಗವಾದೀತೇ.

Every reed will not make a pipe.
cf. Every light is not the sun.

ನಾಡಿಗೆ ಇಬ್ಬರು ಅರಸುಗಳಾದರೆ ಕೇಡು ಬಪ್ಪುದು ತಪ್ಪದು.

No man can serve two masters.

ನಾನೊಂದೆಣಿಸಿದರೆ ದೈವವೊಂದೆಣಿಸಿತು.

The horse thinks one thing and he that rides him another.
Man proposes, God disposes.

ನಾನೂ ನಾಯಕ ನೀನೂ ನಾಯಕ ದೋಣಿ ಒತ್ತುವ ಡೊಣ್ಣಪ್ಪ ನಾಯಕ.

I stout and thou stout, who shall carry the dirt out.

ನಾಯಿ ಬೊಗಳಿದರೆ ದೇವಲೋಕ ಹಾಳಾದೀತೇ.

The moon does not heed the barking of dogs.

ನಾಯಿಗೆ ಕೆಲಸವಿಲ್ಲ ಕೂಡಿರಲಿಕ್ಕೆ ಸಮಯವಿಲ್ಲ.

Some are always busy and never do anything.
cf. Like Wood's dog he'll neither go to church nor stay at home.
Who more busy than they that have least to do.

ನಾಯಿಯ ಬಾಲ ನಳಿಗೇಲಿ ಹಾಕಿದರೆ ಡೊಂಕು ಬಿಟ್ಟೀತೇ.

Crooked by nature is never made straight by education.

ನಾಳೆ ಎಂಬದು ಗಣಪತಿಯ ಮದುವೆ.

To-morrow comes never.

ನಿತ್ಯ ದರಿದ್ರಗೆ ನಿಶ್ಚಿಂತೆ.

Little goods little care.

ನಿದ್ದೆಬಂದವನನ್ನು ಎಬ್ಬಿಸಬಹುದು ಎಚ್ಚರಇದ್ದವನನ್ನು ಎಬ್ಬಿಸಕೂಡದು.

You can wake a person who is asleep but not a person who is awake.
cf. None so deaf as those who won't hear, none so blind as those who won't see.

ನಿನಗೆ ಕೋಪ ವಾದರೆ ನನಗೆ ಸಂತೋಷ.

The folly of one man is the fortune of another.

ನಿನ್ನ ಜುಟ್ಟು ನನ್ನ ಕೈಯಲ್ಲಿ ಸಿಕ್ಕಿದೆ.

Thy thumb is under my belt.

ನಿಮ್ಮ ನಿಮ್ಮ ಸ್ನೇಹ ನನ್ನ ಕೊಟ್ಟು ಕೇಡು.
ತುತ್ತು ಹೆತ್ತಾಯಿಯ ಮರೆಸಿತು ತಾಂಬ್ರದ ದುಡ್ಡು ತಾಯಿ ಮಕ್ಕಳನ್ನು ಮರೆಸಿತು.

He that his money lends loses both coin and friends.
cf. A ready way to lose your friend is to lend him money.

ನೀರಲ್ಲಿ ಬರದ ಬರಹದ ಹಾಗೆ.

To make a hole in the water.

ನೀರಿನ ಮೇಲಣ ಗುಳ್ಳೆಯ ಹಾಗೆ.

Like bubbles on water.

ನೀರುಳ್ಳಿಯುವನ ಸಂಗಡ ಹೋರಾಟಕ್ಕೆ ಹೋದರೆ ಮೋರೆಯೆಲ್ಲಾ ನಾರದೇ

If you wrestle with a collier you will get a blotch.

ನೂರು ಹಾರಿ ಹೋಯಿತು ಎರಡು ಬೆರಸಿ ಬಂತು.

The memory of a benefit soon vanisheth but the remembrance of an injury sticketh fast in the heart.
Nothing is more easily blotted out than a good turn.

ನೆಟ್ಟಿದ ಎಮ್ಮೆ ಕೋಣನಾಯಿತು.

You set saffron and there came up wolfsbane.

ನೆರೆಮನೆ ಹಾಳಾದರೆ ಕರುಗಳ ಕಟ್ಟೇನು.

When Tom's pitcher is broken I shall get the sherds.

ನೋಡಿ ನಡೆವನಿಗೆ ಕೇಡು ಬಾರದು.
ನೋಟ ನೆಟ್ಟಗಿದ್ದರೆ ಕಾಟ ಹೇಗೆ ಬಂದೀತು.

A good take heed will surely speed.
Care and diligence bring luck.

ನೋಡಿ ಬರೆದರೆ ಪರರ ಅನ್ನ ತಿಂದಿತು ನೋಡದೆ ಬರೆದರೆ ತನ್ನ ಅನ್ನ ತಿಂದಿತು.

A goose-quill is more dangerous than a lion's claw.

ಪಂಜರದಲ್ಲಿ ಕಾಗೆ ಇಟ್ಟರೆ ಪಂಚಮ ಸ್ವರ ಕೊಟ್ಟೀತೇ.

He is teaching a pig to play upon a flute.
cf. Did you ever before hear an ass play upon a flute.

ಪಿಷ್ಟ ಹಾಕುವವನ ಬೆರಳು ಕಚ್ಚಿದಹಾಗೆ.

Like the mouth biting off the hand that takes food to it.

ಪಡಿಗೆ ಬಂದವನಿಗೆ ಕಡಿ ಅಕ್ಕಿ ಆಗದೇ.

Beggars must not be choosers.

ಪರಡಿಯ ರುಚಿ ಕರಡಿಗೆ ತಿಳಿದೀತೇ.

Honey is too good for a bear.

ಪರರೊಡವೆಯ ಬಯಸ ಬಾರದು.

Covet not thy neighbour's wife.

ಪಾಪ ಪ್ರಕಟ ಪುಣ್ಯ ಗೋಪ್ಯ.

A fault confessed is half redressed.
A generous confession disarms slander.

ಪಾಪಿಗೆ ಪರಮಾಯು ಲೋಭಿಗೆ ಚಿರಾಯು.

A bad thing never dies.

ಪಾಪಿಯು ದೇವರೆಂದು ಪಾಪ್ರೋಸಿನಿಂದ ಬಡಿಯ ಬಾರದು.

Make not even a devil blacker than he is.
cf. Give even the devil his due.

ಪಾಪಿ ಹೋದಲ್ಲಿ ಪಾತಾಳ.

A wicked man is his own hell.

ಪ್ರೊಟ್ಟಿ ಕುಣಬಿಗೆ ಪಟ್ಟ ಬಂದರೆ ಪಟ್ಟ ಬಿಟ್ಟು ಹೊಟ್ಟೆ ಎಳೆಯುತ್ತಿದ್ದ.

Bring a cow to the ha' an' she will run to the byre.

ಫಲಕ್ಕೆ ತಕ್ಕ ಬೀಜ ನೆಲಕ್ಕೆ ತಕ್ಕ ನೀರು.

Such as the tree is such is the fruit.

ಒಂದ ದಿವಸ ನೆಂಟ, ಎರಡು ದಿವಸ ಬಂಟ ಮೂರನೇ ದಿವಸ ಕಂಟ.
ನಿತ್ಯ ಹೋದರೆ ನುಚ್ಚಿಗೆ ಸಮ.

A constant guest is never welcome.
Fish and guest smell at three days old.

ಬಂದದ್ದು ಬಿಡಬಾರದು ಬಾರದ್ದು ಬಯಸಬಾರದು.

Get what you can and what you get hold, 'tis the stone that will turn all your lead into gold.
cf. Take time, when time is, for time will away.

ಬಂದ ಹಾಗೆಯೇ ಹೋಯಿತು.

So got, so gone.

ಬಕ ಧ್ಯಾನದಂತೆ.

When the devil prays he has a booty in his eye.

ಬಗ್ಗಿದವನಿಗೆ ಒಂದು ಗುದ್ದು ಹೆಚ್ಚು.
ಆನೆ ಸಾಧುವಾದರೆ ಅಗಸ ಮೋಳಗೆ ಹೇರಿದ.

All lay load on the willing horse.
The horse that draws best is most whipped.
cf. The willing horse is always worked to death.

ಬೆಟ್ಟ ಮುರಿದು ಕಂಚು ಮಾಡಿದ.

To cut down an oak and set up a strawberry.
To cut down an oak and plant a thistle.

ಬಡವರ ಮಕ್ಕಳಿಗೆ ಬಂಗಡೆ ಮೀನು ಕಜ್ಜಾಯ.

Poor folks are glad of pottage.
A poor man would be fain of little.
cf. Thistles are a salad for asses.

ಬಡವನ ಸಿಟ್ಟು ದವಡೆಗೆ ಮೂಲ.

That which is a choleraic word in the captain is but rank blasphemy in the soldier.

ಬಲ್ಲವರ ಮಾತು ಬೆಲ್ಲ ಸವಿದಂತೆ.

A wise man may be kind without cost.

ಬಸವನ ಹಿಂದೆ ಬಾಲ.

When the crow flies her tail follows.

ಬಾಡಿಗೆ ಎತ್ತು ಎಂದು ಬಡಿದು ಬಡಿದು ಹೊಡ ಬಾರದು.

Never ride a free horse to death.
cf. An hired horse is never tired.

ಬಾನ ಹರಿದು ಬೀಳುವಾಗ ಅಂಗೈ ಒಡ್ಡಿದರೆ ತಡದೀತೇ.

Against God's wrath no castle is thunder proof.

ಬಾಯಾರಿದಾಗ ಬಾವಿ ತೋಡಿದ ಹಾಗೆ.

Have not thy cloak to make when it begins to rain.

ಬಾಯಿ ಇದ್ದರೆ ಮಗ ಬದುಕ್ಯಾನು.

Whoso hath a mouth shall ne'er in England suffer drought.
cf. A good tongue is a good weapon.

ಬಾಯಿಯಲ್ಲಿ ಬೆಲ್ಲ ಕರುಳು ಕತ್ತರಿ.
ಬಾಯಿ ಯಲ್ಲಿ ಬಸಪ್ಪ ಹೊಟ್ಟೆಯಲ್ಲಿ ವಿಷಪ್ಪ.

Bees that have honey in their mouths have stings in their tails.
cf. Full of courtesy full of craft.

ಬಾಳುವ ಮನೆಗೊಂದು ಬೊಗಳುವ ನಾಯಿ.

Good watch prevents misfortune.

ಬಾಳೇ ಹಣ್ಣಿಗೆ ಗರಗಸ ವೇಕೆ.

Send not for a hatchet to break open an egg with.

ಬಿತ್ತುವಾಗ ಮಲಗಿದರೆ ಕೊಯ್ಯುವಾಗ ಹಗುರವಾಯಿತು.

They must hunger in frost that will not work in heat.

ಬಿಮ್ಮಗೆ ಒಗೆಯ ಬೇಡ ಬಿಸಲಿಗೆ ಹಾಕ ಬೇಡ ಬೇಕಾದಷ್ಟು ದಿನ ಬಾಳೀನು.

Often to the water, often to the tatter.

ಬಿಸಿಯ ತೋರಿದ ಬೆಕ್ಕು ಒಲೆಯ ಬಳಿಯ ಸೇರದು.
ಬಿಸಿ ಪರಮಾನ್ನದಲ್ಲಿ ಸುಟ್ಟುಕೊಂಡ ಮಗು ಮೊಸರನ್ನು ಊದಿತು.

A scalded cat fears cold water.
cf. A burnt child dreads the fire.
A galled horse will not endure the comb.

ಬಿಸಿಲು ಬಂದ ಕಡೆಗೆ ಕೊಡೆ ಹಿಡಿ.

As the wind blows you must set your sail.

ಬೀಜಕ್ಕೆ ತಕ್ಕ ಫಲ.

Of evil grain no good seed can come.

ಬುದ್ಧಿ ಬಲ್ಲಾದವನಿಗೆ ಮನೆ ಎಲ್ಲಾ ಸೌದೆ.

A wise man will make tools of what comes to hand.
cf. A man of courage never wants weapons.

ಬೂರಂಗದ ಮರವನ್ನು ಗಿಣಿ ಕಾದ ಹಾಗೆ.

A watched pan is long in boiling.

ಬೆಂಕಿಯಿಂದ ಸುಟ್ಟ ಹುಣ್ಣು ಮಾಯುವದು, ನಾಲಿಗೆಯಿಂದ ಸುಟ್ಟದ್ದು ಮಾಯದು.

An ill wound may be cured, not an ill name.

ಬೆಂಕಿ ಇದ್ದಲ್ಲಿ ಬೆಳಕು ನೀರಿದ್ದಲ್ಲಿ ಕೆಸರು.

Standing pools gather filth.

ಬೆಕ್ಕು ಕಣ್ಣು ಮುಚ್ಚಿ ಹಾಲು ಕುಡಿದರೆ ಹೊಕ್ಕವರಿಗೆ ಕಾಣದೇ.

You dance in a net and think that nobody sees you.

ಬೆಕ್ಕಿಲ್ಲದ ಮನೆಯಲ್ಲಿ ಇಲಿ ಲಾಗ ಹೊಡೆಯಿತು.
When the cat is away the mice will play.

ಬೆಕ್ಕಿಗೆ ಆಟ ಇಲಿಗೆ ಪ್ರಾಣ ಸಂಕಟ.
ಅತ್ತೆಗೆ ಒಂದು ಮಾತು ಸೊಸೆಗೆ ಪ್ರಾಣ ಸಂಕಟ.
One man's breath another man's death.
The pleasures of the mighty are the tears of the poor.

ಬೆಕ್ಕಿನ ಕೈಗೆ ಮೀನು ಸುಡಲಿಕ್ಕೆ ಕೊಟ್ಟಂತೆ.
Give ne'er the wolf the wedder to keep.

ಬೆಟ್ಟ ಅಗಿದು ಇಲಿ ಹಿಡಿದ.
A mountain in labor brought forth a mouse.

ಬೆರಳು ತೋರಿಸಿದರೆ ಕೈ ನುಂಗುತ್ತಾನೆ.
ಇತ್ತಿತ್ತ ಬಾ ಅಂದರೆ ಹೆಗಲೇರಿ ಕೂತ.
Give him an inch and he will take an ell.
cf. Give a clown your finger and he will take the whole hand.

ಬೆಲ್ಲವಿಲ್ಲದಿದ್ದರೆ ಬೆಲ್ಲದಂಥಾ ಮಾತು ಇಲ್ಲವೇ.
He that has no silver in his purse should have silver on his tongue.
He that in his purse lacks honey has in his mouth much need of honey.
cf. A civil denial is better than a rude grant.

ಬೇವೂರ ಲಾಭಕ್ಕಿಂತ ಇದ್ದ ಊರ ನಷ್ಟ ಲೇಸು.
Dry bread at home is better than roast meat abroad.

ಬೆಳಗಿಂದ ರಾಮಾಯಣ ಕೇಳಿ ಸೀತೆಯೂ ರಾಮನೂ ಏನಾಗ ಬೇಕೆಂದ ಹಾಗೆ.

He a soldier and know not onion-seed from gunpowder.

ಬೆಳೇ ಸಿರಿ ಮೊಳಕೆಲೇ ಕಾಣುವದು.

By the husk you may guess at the nut.
cf. Coming events cast their shadows before them.
The child is father to the man.

ಬೋರೇ ಗಿಡದಲ್ಲಿ ಕಾರೆ ಹಣ್ಣಾದೀತೇ.

Can you gather figs out of thistles.
cf. You ask an elm tree for pears.
Plant the crab tree where you will, it will never bear pipkins.

ಭಲರೇ ಬೋನಗಿತ್ತಿ ಅಂದರೆ ಮೈ ಎಲ್ಲಾ ಅಮ್ರಿ.

The more you rub a cat on the rump the higher she sets her tail up.

ಭಾರ್ಯಾ ರೂಪವತೀ ಶತ್ರು.

He that hath a white horse and a fair wife never wants trouble.

ಭೋಗಿಗೆ ಯೋಗಿ ಮರುಳು ಯೋಗಿಗೆ ಭೋಗಿ ಮರುಳು.

A black man is a jewel in a fair woman's eye.

ಮಂಗನ ಕೈಯಲ್ಲಿ ಮಾಣಿಕ ಕೊಟ್ಟ ಹಾಗೆ.
ಮುತ್ತಿನ ಚವು ಕತ್ತೆಗೆ ತಿಳದೀತೇ.

You must not throw pearls before swine.

ಮಂಗನ ಮಾರು ಪತ್ಯ ಹೊಂಗೇ ಮರದ ಮೇಲೆ.

Every cock is proud on his own dunghill.

ಮಂಡೆ ಮಾಸಿತು ಅನ್ನುವವರಿದ್ದಾರೆ ಎಣ್ಣೆ ಇಕ್ಕುವವರಿಲ್ಲ.
ಗಾಣತಿ ಅಯ್ಯೋ ಅಂದರೆ ನೆತ್ತಿ ತಣ್ಣಗಾಗದು.

He is my friend that succoureth me and not he that pitieth me.

ಮಗ್ಗುಲಲ್ಲಿ ಶಿಶು ಇಟ್ಟುಕೊಂಡು ಹಗಲೆಲ್ಲಾ ಹುಡುಕಿದಳು.

The butcher looked for his knife when he had it in his mouth.
cf. He looks for his ass and sits upon his back.

ಮುಟ್ಟಿ ತಿಳಿಯಂದೆ ಮಾತಾಡ ಬಾರದು.

Think first and speak afterwards.
Think before you speak, look before you leap.

ಮಣ್ಣಿನ ಕಾಲು ನೀರಿಗೆ ಆಗದು ಮರದ ಕಾಲು ಬೆಂಕಿಗೆ ಆಗದು.

Good for the liver may be bad for the spleen.
That which is good for the back is bad for the head.

ಮತ್ತನಾದವನ ಹತ್ತಿರ ಕತ್ತಿ ಇದ್ದರೇನು.

Put not a naked sword in a madman's hand.
cf. Mettle is dangerous in a blind horse.

ಮನಸ್ಸಿನಂತೆ ಮಹಾದೇವ.

A man is weal or woe as he thinks himself so.
Believe well and have well.
Hope well and have well, quoth Hickwell.
cf. A pensive soul feeds upon nothing but bitters.

ಮನೆ ಕಟ್ಟಿದವನೇ ಬಲ್ಲ ಮದುವೆ ಮಾಡಿದವನೇ ಬಲ್ಲ.

Building and the marrying of children are great wasters.

ಮನೆಗೆ ಮಾರಿ ಪರೋಪಕಾರಿ.

ಅಕ್ಕನ ಹಗೆ ಭಾವನ ನೆಂಟು.

It is no good hen that cackles in your house and lays in another's.
cf. A candle lights others but consumes itself.

ಮನೆ ಮುರಿದರೆ ಕಟ್ಟಬಹುದು ಮನ ಮುರಿದರೆ ಕಟ್ಟಲು ಸಲ್ಲ.

A broken friendship may be soldered but will never be sound.

ಮನೆಯ ದೀಪವೆಂದು ಮುದ್ದಿಟ್ಟರೆ ಗಡ್ಡ ಮೀಸೆ ಸುಟ್ಟಿತು.

ಅಪ್ಪ ನೆಟ್ಟ ಆಲದ ಮರವೆಂದು ನೇಣು ಹಾಕಿಕೊಳ್ಳ ಬಹುದೇ.

A man may love his house yet not ride on the ridge.

ಮಮತೆಯಿಂದ ಕೊಟ್ಟದ್ದು ಅಮೃತ.

A gift with a kind countenance is a double present.

ಮರ ಹತ್ತಿದವನ ಕಾಲು ಕೆಳಗೆ.

The higher the ape goes the more he shows his tail.

ಮಲ್ಲಿಗೆ ಹೂವಿನಿಂದ ಬಾಳೆ ಹಗ್ಗ ಪಾವನವಾಯಿತು.

For the rose the thorn is plucked.

ಮಳಲಿನಿಂದ ತೈಲ ತೆಗೆದ ಹಾಗೆ
ಡೊಣ್ಣೆ ಹಿಂಡಿದರೆ ಎಣ್ಣೆ ಬರುವದೇ.

To draw oil out of sand.
cf. You cannot extract blood from a stone.

ಮಳೆ ನೀರು ಬಿಟ್ಟು ಮಂಜಿನ ನೀರಿಗೆ ಕೈಯೊಡ್ಡಿದನಂತೆ.
ಗಂಡ ಪಟ್ಟೆ ತರುತ್ತಾನೆಂದು ಇದ್ದ ಸೀರೆ ಸುಟ್ಟಳಂತೆ.

I will not change a cottage in possession for a kingdom in reversion.
Quit not certainty for hope.

ಮಾಘ ಸ್ನಾನಕ್ಕೆ ಹೋಗಿ ನಿತ್ಯ ಸ್ನಾನ ಪೂಜ್ಯ.

The camel going to seek horns lost his ears.
cf. Striving to better we oft mar what is well.

ಮಾಡ ಬಾರದ್ದನ್ನು ಮಾಡಿದರೆ ಆಗ ಬಾರದ್ದು ಆಗುವದು.

He that speaks the things he should nae hears the things he could nae.

ಮಾಡಿದ ಪಾಪಕ್ಕೆ ಮನವೇ ಸಾಕ್ಷಿ ತೋಡಿದ ಭಾವಿಗೆ ಜಲವೇ ಸಾಕ್ಷಿ.
ತನುವರಿಯದ ನೋವಿಲ್ಲ, ಮನವರಿಯದ ಪಾಪವಿಲ್ಲ, ಶಿವನರಿಯದ ಸಾವಿಲ್ಲ.

A guilty conscience needs no accuser.

ಮಾಡಿದ್ದು ಆಟ ಆಗದ್ದು ಕಾಟ.

Jesting lies bring serious sorrows.
Jocular slanders often prove serious injuries.

ಮಾಡಿದ್ದು ಉಣ್ಣೋ ಮಹಾರಾಯಾ.

Let him that earns the bread eat it.
cf. As you sow you shall reap.
As you make your bed so you must lie on it.

ಮಾಡುವದು ದುರಾಚಾರ ಮನೆಯು ಮುಂದೆ ವೃಂದಾವನ.

Beads about the neck and the devil in the heart.
Cross on his breast and the devil in his heart.
cf. He has meikle prayer but little devotion.

ಮಾಡೋದಕ್ಕಿಂತ ಆಡೋದು ಸುಲಭ.

It is sooner said than done.

ಮಾಣಿಕ ಬಿದ್ದರೆ ಹೆಕ್ಕ ಬಹುದು ಮಾತು ಬಿದ್ದರೆ ಕೂಡದು.
ಮಾತು ಆಡಿದರೆ ಹೋಯಿತು ಮುತ್ತು ಒಡೆದರೆ ಹೋಯಿತು.

A word once uttered cannot be retracted.
A slip of the foot may be soon recovered but that of the tongue perhaps never.
A word and a stone let go cannot be called back.
A word spoken is an arrow let fly.

ಮಾಣಿಕ ಮಸೀ ಅರಿವೆಯಲ್ಲಿ ಕಟ್ಟಿದಹಾಗೆ,

A fine diamond may be ill set.
cf. The jewel is not to be valued for the cabinet.
Right coral calls for no coloring.

ಮಾತು ಬಲ್ಲವಗೆ ಜಗಳವಿಲ್ಲ ಊಟ ಬಲ್ಲವಗೆ ರೋಗವಿಲ್ಲ.

A soft answer bids a furioso to put up his sword.

ಮಾತು ಬಾರದಿದ್ದರೆ ಸುಮ್ಮನಿರುವವ ಜಾಣ.

Silence is golden when speaking is folly.

ಮಾತು ಮನೆಮಾರ್ತೆಗೆ ಕೇಡು ತೂತು ಮಡಿಕೆಗೆ ಕೇಡು.

All's lost that is poured into a cracked dish.

ಮಾನ ಹೋದ ಮೇಲೆ ಮರಣ ಆದ ಹಾಗೆ.

Take away my good name and take away my life.
cf. When honor is lost all is lost.
He that is evil deemed is half hanged.

ಮುಂದಣ ಬುದ್ಧಿ ತಪ್ಪಿದರೆ ಮೂರು ದಾರಿ ಮಣ್ಣು.

A young man negligent, an old man necessitous.

ಮುಗ್ಗಿದವ ಹಿಗ್ಗ್ಯಾನು.

He that tholes o'ercomes.

ಮುತ್ತು ಕೆಟ್ಟರೆ ಭತ್ತಕ್ಕಿಂತ ಕಡೆಯೇ.

Angels are bright still though the brightest fell.

ಮುಳ್ಳಿನಿಂದ ಮುಳ್ಳು ತೆಗೆಯ ಬೇಕು.

One nail drives out another.
Art must be deluded by art.

ಮೂಕನೆದುರಿಗೆ ಮಂಗ ತುರಿಸಿ ಕೊಂಡಹಾಗೆ.

Halt not before a cripple.

ಮೂರ್ಖಗೆ ಹೇಳಿದ ಬುದ್ಧಿ ಘೋರ್ಕಲ್ಲ ಮೇಲೆ ಹೊಯಿದ ಮಳೆ.

We are casting our words in a leaking cask.

ಮೂಡಣ ಸಂತೆಗೆ ಹೋಗ ಬೇಡ ಮುಂಡೆ ಮಗಳನ್ನು ತರಬೇಡ.
cf. ಆಯುಗಾರನ ಮನೆಯು ಎತ್ತು ತೆಕ್ಕೊಳ್ಳಬಾರದು ಪೂಜಾರಿ ಮನೆಯು ಹೆಣ್ಣು ತೆಕ್ಕೊಳ್ಳಬಾರದು.

He has great need for a wife that marries mamma's darling.

ಮೂರ್ತಿ ಸಣ್ಣದಾದರೂ ಕೀರ್ತಿ ದೊಡ್ಡದು.

The form may be small yet the qualities great.
A little body has a big soul.
A little body often harbours a great soul.
cf. A royal heart is often hid under a tattered coat.

ಮೂರು ವರ್ಷದ ಬುದ್ಧಿ ನೂರು ವರ್ಷದ ತನಕ.

What is learned in cradle lasts to the grave.
An early habit lasts for ever.
cf. A custom in infancy becomes nature in old age.

ಮೂವರ ಕಿವಿಗೆ ಮುಟ್ಟಿದ್ದು ಮೂರು ಲೋಕಕ್ಕೆ.

ಇಬ್ಬರಿದ್ದರೆ ಏಕಾಂತ ಮೂವರಿದ್ದರೆ ಲೋಕಾಂತ.

It is no secret what is known to three.
No secrets but between two.

ಮೆಚ್ಚಿದವನಿಗೆ ಮಸಣ ಸುಖ.

ಮೆಚ್ಚಿದ ಹೆಣ್ಣಿಗೆ ಮರನ ಓಲೆ ಸಾಕು.

A lover sees a Helen in a brow of Egypt.
If Jack's in love He's no judge of Jill's beauty.
Love has nae lack be the dame e'er sae black.
Love sees no faults.
Love is blind.

ಮೆಟ್ಟಿದಾಕ್ಷಣ ಘಟ್ಟ ತಗ್ಗೀತೇ.

An oak is not felled (with one blow) at one chop.
The tree falls not at the first stroke.
One stroke fells not an oak.

ಮೆಟ್ಟುಗಲ್ಲು ಚಿನ್ನವಾದರೆ ನಿನಗೆ ಅರೆವಾಸಿ ನನಗೆ ಅರೆವಾಸಿ.

Building castles in the air.

ಮೆದ್ದು ನೋಡು ಮುದ್ದಿನ ಗುಣ.

The proof of the pudding is in the eating.

ಮೋಟು ಮರ ಗಾಳಿಗೆ ಪಿಂಡ.

He that has nothing is frighted at nothing.

ಮೋರೆ ಕಂಡರೆ ಮನಸ್ಸು ತಿಳಿದೀತೇ.

The face is not the true index of the mind.

ಮೌನಂ ಸರ್ವತ್ರ ಸಾಧನಂ.

Keep your purse and your mouth close.
cf. Silence is wisdom and gets friends.
Silence seldom doth harm.

ಯಾವ ಕಾಲ ತಪ್ಪಿದರೂ ಸಾಯುವ ಕಾಲ ತಪ್ಪದು.

ಸಾವಿರ ವರ್ಷವಾದರೂ ಸಾವು ತಪ್ಪದು.

ನೋಯುವ ಕಾಲ ತಪ್ಪಿದರೂ ಸಾಯುವ ಕಾಲ ತಪ್ಪದು.

ಎತ್ತ ಹೋದರೂ ಮೃತ್ಯು ಬಿಡದು.

Death meets us everywhere.

ಯಾವ ರಾಯನಿಗೆ ರಾಜ್ಯವಾದರೂ ರಾಗಿ ಬೀಸೋದು ತಪ್ಪದು.

Whosoever is king thou'lt be his man.

ರಾವಣನ ಹೊಟ್ಟೆಗೆ ಅರೆ ಕಾಸಿನ ಮಜ್ಜಿಗೆ.

Like a drop in the ocean.
cf. What is a pound of butter among a kennel of hounds.

ಲಂಘನಂ ಪರಮೌಷಧಂ.

Abstinence is the best medicine.

ಲಕ್ಷ್ಮಿಯು ಚಪಲೆ.

Fortune is fickle.
Change of fortune is the lot of life.

ವಂಚಕನಿಗೆ ಸಂಚು ಕೊಟ್ಟ ಹಾಗೆ.

To set the fox to keep the geese.

ವ್ಯವಹಾರದಲ್ಲಿ ದಾಕ್ಷಿಣ್ಯವೇ.

Trade knows neither friends nor kindred.

ವಿದ್ಯಾಧನಂ ಸರ್ವಧನೇಷು ಪ್ರಧಾನಂ.

Knowledge is a treasure (but practice is the key to it).
cf. Knowledge is power.

ವಿಧ ತಿಳದವನಾದರೂ ವಿಧಿ ಬಿಡದು.

No flying from fate.
cf. There is no contending against destiny.

ಕೇಡು ಬರುವ ಕಾಲಕ್ಕೆ ಕೂಡುವದು ದುರ್ಬುದ್ಧಿ.
ವಿನಾಶ ಕಾಲೇ ವಿಪರೀತ ಬುದ್ಧಿ.

Evil conduct is the root of misery.

ವೈರ ವಿದ್ದವನಿಂದ ಕ್ಷೌರಾ ಮಾಡಿ ಕೊಂಡ ಹಾಗೆ.

It is madness for a sheep to treat of peace with a wolf.
cf. That is a woeful silly sheep that goes to the wolf to confess.

ಶರಣನ ಗುಣ ಮರಣದಲ್ಲಿ ನೋಡು.

As a man lives so shall he die (as a tree falls so shall it lie).

ಶ್ವಾನ ಭೋಗರ ಸಂಬಳ ಸಂತೋ ಕೇಳ ಬೇಡಾ.
ಹೆಂಡತಿಯು ದೆಸೆಯುವರು ಉಂಡರೋ ಕೇಳ ಬೇಡಾ.

If you pay not a servant his wages he will pay himself.

ಶೀಲವಂತರ ಓಣಿಯಲ್ಲಿ ಕೋಳಿ ಮಾಯೆ ಯಾಯಿತು.
cf. ಇದ್ದವರು ಮೂರು ಕದ್ದವರು ಯಾರು.

All are good maids but whence come the bad wives.

ಶೀಸದ ಉಳಯಲ್ಲಿ ಶೈಲ ಪೊಡಿಯು ಬಹುದೇ.

Long ere you cut down an oak with a penknife.

ಶುಭಸ್ಯ ಶೀಘ್ರಂ.

Speedy execution is the mother of good fortune.
cf. Despatch is the soul of business.

ಶೋಧಿಸಿ ನೋಡಿದರೆ ಸುಣ್ಣವೆಲ್ಲಾ ಹೊಲಸು.
ನೋಡಿಕೋತಾ ಹೋದರೆ ಮದುವೆ ಹೆಂಡತಿ ಕುರಂಡಿ.
Sift him grain by grain and you will find him all chaff.

ಸಂಕಟ ಬಂದರೆ ವೆಂಕಟರಮಣ.
The chamber of sickness is the chapel of devotion.
Adversity reminds men of religion.

ಸಂಕ ಮುರಿದಲ್ಲೇ ಸ್ನಾನ.
Take hold of a good minute.
cf. The goat browses where he is tied.

ಸಂಗತಿ ದೋಷ ಕೊರಳಗೆ ದೊಣ್ಣೆ.
Bad company leads to the gallows.

ಸಣ್ಣ ತಲೆಗೆ ದೊಡ್ಡ ಮುಂಡಾಸು.
Meikle head, little wit.
cf. A broad hat does not always cover a venerable head.

ಸತ್ತ ಎಮ್ಮೆಗೆ ಹತ್ತು ಹಾನೆ ಹಾಲು.
Gone is the goose that the great egg did lay.
cf. Every potter praises his own pot and more if it be broken.
I have a good cloak but it is in France.

ಸತ್ತ ಕುರಿ ಕಿಚ್ಚಿಗೆ ಅಂಜೇತೇ.
A dead mouse will feel no cold.

ಸತ್ಯವಿದ್ದರೆ ಎತ್ತಲೂ ಭಯವಿಲ್ಲ.
(ಸತ್ಯಮೇವ ಜಯತೇ).
Truth ever conquers.
cf. Oil and truth will get uppermost at last.
Truth and oil are ever above.
Knavery may serve for a time but honesty is best in the long run.

ಸರ್ಪನ ಕೂಡೆ ಸರಸವೇ.

He holds the serpent by the tail.
cf. It's ill jesting with edged tools.
Those who play with edged tools must expect to cut themselves.

ಸಮಯಕ್ಕಾಗದ ಅರ್ಥ ಸಹಸ್ರವಿದ್ದರೂ ವ್ಯರ್ಥ.

ಊಟಕ್ಕಿಲ್ಲದ ಉಪ್ಪಿನ ಕಾಯಿ ಯಾತಕ್ಕೂ ಬೇಡ.

ಚಳಿಗೆ ಇಲ್ಲದ ಕಂಬಳಿ ಮಳೇ ಮೇಲೆ ಬಿದ್ದರೇನು ಮುಳ್ಳಿನ ಮೇಲೆ ಬಿದ್ದರೇನು.

Good that comes too late is as good as nothing.
A book that remains shut is but a block.

ಸಮಯಕ್ಕಾದವನೇ ನೆಂಟ ಕೆಲಸಕ್ಕೊದಗಿದವನೇ ಬಂಟ.

A friend in need is friend indeed.
cf. A true friend should be like a privy, open in necessity.

ಸರಿಮನೆಯಾಕೆ ಸರಿಗೆ ಹಾಕಿ ಕೊಂಡರೆ ನೆರೆಮನೆಯಾಕೆ ಉರ್ಲು ಹಾಕಿ ಕೊಳ್ಳ ಬೇಕೇ.

Envy shoots at others and wounds herself.

ಸಾಧಿಸಿದರೆ ಸಬಳಾ ನುಂಗ ಬಹುದು.

Patience overcomes mountains.
Perseverance kills the game.
cf. Constant dropping wears the stone.
Drop by drop the lake is drained.
Step after step the ladder is ascended.

ಸಾಯುದಿದ್ದರೆ ಸಾವಿರ ಸೋಜಿಗ ಕಂಡೇನು.

As long as there is life there is hope.
cf. While I live I hope.

ಸಾರಿ ದೂರಿ ಕೊಂದರೆ ಪಾಪವಿಲ್ಲ.

A man forewarned is forearmed.
A man that is warned is half armed.

ಸಾಲವೋ ಶೂಲವೋ.
cf. ಕಡ ಹುಟ್ಟಿ ಬಡವ ಕೆಟ್ಟ.
He that goes a borrowing goes a sorrowing.

ಸಾವಿರ ಕುದುರೆಗೆ ಸರದಾರನಾದರೂ ಮನೆ ಹೆಂಡತಿಗೆ ಕಾಸ್ತಾರ.
No man is a hero to his own valet.

ಸಾವಿರ ಜನ ಹೋದ ದಾರಿಯಲ್ಲಿ ಹುಲ್ಲೂ ಬೆಳೆಯದು.
Grass grows not upon the highway.

ಸಾವಿರ ತನಕ ಸಾಲ ಆಮೇಲೆ ಲೋಲ.
Better be up to the ankles than over head and ears.

ಸಿಟ್ಟು ತನಗೆ ಕೇಡು ಸಮಾಧಾನ ಪರರಿಗೆ ಕೇಡು.
Anger is a sworn enemy.
cf. Anger and haste hinder good counsel.

ಸುಖದ ಮೇಲೆ ದುಃಖ ದುಃಖದ ಮೇಲೆ ಸುಖ.
Sadness and gladness succeed each other.
cf. Every day hath its night and every weal its woe.

ಸುಮ್ಮನಿದ್ದರೆ ಒಡಂಬಟ್ಟು.
Silence is consent.

ಸೂರ್ಯನ ಮೇಲೆ ಸುರೇ ಚೆಲ್ಲಿದರೆ ಮೋರೇ ಮೇಲೆ ಬೀಳುವದು.
Who spits against heaven it falls in his face.
cf. He that blows in the dust fills his own eyes.

ಸೂಳೆ ಬಾಗಲಿಗೆ ಆನೆ ಕಟ್ಟಿದರೆ ಸಿಂದ.
cf. ಸೂಳೆಗೆ ಕೊಟ್ಟ ಹಣ ಸುಡುಗಾಡಿಗೆ ವೈದಹಣ.
He that spends his gear on a whore has baith shame and skaith.

ಸೂಳೆ ಯಾರಿಗೆ ಹೆಂಡತಿ ಧೊರೆ ಯಾರಿಗೆ ಅಪ್ಪ.
Whores affect not you but your money.

ಸೋದರ ಅತ್ತೆಗೆ ಮೀಸೆ ಬಂದರೆ ಚಿಕ್ಕಪ್ಪ ಅನ್ನಿಸಿ ಕೊಂಡಾಳೇ.

Reynard is still Reynard though he put on a cowl.
An ape is an ape, a varlet is a varlet though he be dressed in silk or scarlet.

ಹಂಗಾಳಾದ ಮೇಲೆ ಮಂಗನ ಹಾಗೆ ಮಾಡಬೇಕು.

They that are bound must obey.
Servants should put on patience when they put on a livery.
As long as ye serve the tad ye maun bear up his tail.

ಹಂಸೇ ಹಾಗೆ ನಡಿಯಲಿಕ್ಕೆ ಹೋಗಿ ಗುಬ್ಬಿ ಕುಪ್ಪಳಿಸಿಬಿತ್ತು.

ಕೇರೇ ಹಾವು ಓಡುತ್ತದೆಂತ ಕಕ್ಕಳು ಓಡಿತಂತೆ.

ನವಿಲು ಕುಣಿಯುತ್ತದೆಂತ ಕೆಂಬೋತ ಕುಣಿಯಿತು.

ಕೆಂಬೋತ ಕುಣಿಯುತ್ತದೆಂತ ಕಸಬಾರಿ ಕುಣಿದು ಕುಣಿದು ಬಲೆ ಯಲ್ಲಿ ಬಿತ್ತು.

A mouse must not think to cast a shadow like an elephant.

ಹಟ್ಟೀಲಿ ಹುಟ್ಟಿದ್ದಿಲ್ಲಾ ಕ್ರಯಕ್ಕೆ ಕೊಂಡದ್ದಿಲ್ಲಾ.

Lightly come lightly go.

ಹಣ ಕಂಡರೆ ಹೆಣ ಬಾಯಿ ಬಿಡುತ್ತೆ.

Gold is the balm to a wounded spirit.
cf. A silver key can open an iron lock.
There is no lock if the pick is of gold.

ಹಣವಿದ್ದವನಿಗೆ ಗುಣವಿಲ್ಲಾ ಗುಣವಿದ್ದವನಿಗೆ ಹಣವಿಲ್ಲಾ.

Riches and virtue do not often keep each other company.
cf. Virtue is of noble birth but riches take the wall of her.

ಹಣ್ಣೆಲೆ ಉದುರುವಾಗ ಕಾಯೆಲೆ ನಗುವದು.

He jests at scars that has never felt a wound.

ಹಣವಿಲ್ಲದವ ಹೆಣಕ್ಕಿಂತ ಕಡೆ.

He that wants money is accounted among those that want wit.
Every poor man is counted a fool.

ಹಣ್ಣು ಜಾರಿ ಹಾಲಲ್ಲಿ ಬಿದ್ದ ಹಾಗೆ.

His bread fell into the honey.

ಹಣ್ಣಿಂದು ಶಲಭ ದೀಪದ ಮೇಲೆ ಬಿದ್ದು ಸತ್ತ ಹಾಗೆ.

The fly that playeth too long in the candle singeth her wings.

ಹತ್ತು ಕಲ್ಲು ಎಸೆದರೆ ಒಂದಾದರೂ ತಗಲುವದು.

He that's always shooting must sometimes hit.

ಹತ್ತು ಜುಟ್ಟು ಒಟ್ಟಿರ ಬಹುದು ಎರಡು ತುರುಬು ಒಟ್ಟಿರ ಕೂಡದು.

Two cats and a mouse, two wives in one house, two dogs and bone never agree in one.

ಹತ್ತು ದುಡಿಯೋದು ನಿನ್ನಿಂದ ಮತ್ತೆ ನೋಡೋದು ನನ್ನಿಂದ.

Take care of the pence, the pounds will take care of themselves.

ಹತ್ತು ಮಂದಿಯು ಮಾತು ಮೀರ ಬೇಡಾ ರಾಯರಿಗೆ ದೇವರಿಗೆ ಸುಳ್ಳಾಡ ಬೇಡಾ

If one, two and three say you are an ass put on the ears.

ಹತ್ತು ಮಂದಿಯು ತಾಯಿ ಹೊಳೆಯಲ್ಲಿ ಬಿದ್ದು ಸಾಯಿ.

A friend to everybody is a friend to nobody.
A pot that belongs to many is ill stirred and worst boiled.
cf. The common horse is worst shod.

ಹನಿ ಕೂಡಿ ಹಳ್ಳ ತೆನೆ ಕೂಡಿ ಭತ್ತ.
ಹತ್ತರ ಹುಲ್ಲು ಕಡ್ಡಿ ಒಬ್ಬನ ತಲೆ ಹೊರೆ.

Many littles make a mickle.
Penny and penny laid up will be many.
A pin a day is a groat a year.
A whole bushel of wheat is made of single grains.

ಹಂಚಿಗೆ ತಾಳದೆ ಉರಿಯೊಳಗೆ ಬಿದ್ದಾ.
ಇಲಿಗೆ ಹೆದರಿ ಹುಲಿಯ ಬಾಯಿಯಲ್ಲಿ ಬಿದ್ದಾ.
ಮಳೆಗೆ ಹೆದರಿ ಹೊಳೆಯಲ್ಲಿ ಹಾರಿದಾ.

Out of the frying fan into the fire.
He leaps into a deep river to avoid a shallow brook.

ಹರಿದದ್ದೇ ಹಳ್ಳ ಉಳಿದದ್ದೇ ತೀರ್ಥ.

Let bygones be bygones.
Let the dead past bury its dead.

ಹರಿಯುವವರೆಗೆ ಎಳೆಯ ಬಾರದು ಮುರಿಯುವವರೆಗೆ ಬೊಗ್ಗಿಸ ಬಾರದು.

Spin not too fine a thread lest it break in weaving up.
A bow long bent at last waxeth weak.

ಹಲವು ಸಮಗಾರರು ಕೂಡಿ ತೊಗಲು ಹದಾ ಕೆಡಿಸಿದರು.
ನೂರು ಮಂದಿ ಮೋಡರು ಕೂಡಿ ಒಂದು ಕರಾ ಕಟ್ಟಲಿಲ್ಲ.

Too many cooks spoil the broth.
cf. Too many dressers put the bride's dress out of order.

ಹಸಿವೆಗೆ ಸಾಗರ ಬೇಡಾ ನಿದ್ದೆಗೆ ಹಾಸಿಗೆ ಬೇಡಾ.

Hunger is the best sauce.

ಹಳ್ಳಿ ಕುರುಬರಿಗೆ ಗಾಜೇ ಮಾಣಿಕ್ಯ.

Lilies are whitest in a blackmoor's hand.

ಹಳ್ಳಿ ದೇವರಿಗೆ ಕೊಳ್ಳಿ ದೀಪ ಕಾಡಿ ದೇವರಿಗೆ ಸೂಡಿ ದೀಪ.

A mad parish must have a mad priest.

ಹಳ್ಳಿಯವರು ದೊಂಬಿ ಮಾಡಿದರೆ ಪೇಟೆಯವರು ದಂಡಾ ತೆತ್ತರು.

One doth the scath, another hath the harm.
One doth the blame another bears the shame.

ಹಾಗಗ ಕೋತಿ ಮುಪ್ಪಾಗದ ಜೆಲ್ಲ ತಿಂದಿತು.

jade eats as much as a good horse.

ಹಾಡಿದ್ದೇ ಹಾಡುವದು.

To harp upon the same string.

ಹಾದಿ ಜಗಳ ಹಣ ವಡ್ಡಕ್ಕೆ ಕೊಂಡ ಹಾಗೆ.

Send not to market for trouble.

ಹಾಲಿದ್ದಾಗಲೇ ಹಬ್ಬಾ ಮಾಡು.
ಹಲ್ಲಿದ್ದಾಗಲೇ ಕಡಲೆ ತಿನ್ನ ಬೇಕು.

Make hay while the sun shines.
cf. Strike while the iron is hot.

ಹಾಲು ಕಂಡಲ್ಲಿ ಬೆಕ್ಕು ಕೂಳು ಕಂಡಲ್ಲಿ ನಾಯಿ.

Cover yourself with honey and the flies will have at you.

ಹಾವಿನ ಕೂಡೆ ಕಪ್ಪೆಗೆ ಸರಸವೇ.

Mice care not to play with kittens.

ಹಾವಿಗೆ ಹಾಲೆರೆದರೆ ತನ್ನ ವಿಷ ಬಿಟ್ಟೀತೇ.

Though you stroke the nettle ever so kindly it will sting you.

ಹಾಸಿಗೆ ಅರಿತು ಕಾಲು ನೀಡ ಬೇಕು.

Stretch your legs according to your coverlet.
Stretch your arm no further than your sleeve can reach.
cf. Make not thy tail broader than thy wings.

ಹಾಳು ತೋಟಕ್ಕೆ ನೀರು ಹಾಕಿ ಬೇಳು ರಟ್ಟೆ ಬಿದ್ದು ಹೋಯಿತು.
ಹೊಟ್ಟು ಕುಟ್ಟಿ ಕೈಯಲ್ಲಿ ಗುಳ್ಳೆ.

It is lost labor to sow where there is no soil.

ಹಿಂಗಾಲಿನಷ್ಟು ತ್ರಾಣ ಮುಂಗಾಲಿಗೆ ಇದ್ದರೆ ಅಗಸೇ ಬೋರ್ಗಲ್ಲಿನ ಮೇಲೆ ಮನೆ ಕಟ್ಟುತ್ತಿದ್ದ.

He would fain fly but wants feathers.
If he were as long as he is lither, he might thatch a house without a ladder.

ಹಿಂದಿನಿಂದ ಆನೆ ಹೋಗಬಹುದು ಮುಂದಿನಿಂದ ನುಸಿ ಹೋಗಬಾರದು.

To spare at the spigot and let run out at the bunghole.
cf. Pennywise and pound foolish.

ಹಿರಿಯಕ್ಕನ ಚಾಳಿ ಮನೆ ಮಂದಿಗೆಲ್ಲಾ.

As the old cock crows so crows the young.

ಹುಚ್ಚು ತಿಳಿಯಿತು ಬನಕೆ ತಾ.

A fool always comes short of his reckoning.
cf. A' fails that fools think.

ಹುಟ್ಟಿಸಿದ ದೇವರು ಹುಲ್ಲು ಕೊಡಲಾರನೇ.
ಉಂಟು ಮಾಡಿದ ದೇವರು ಊಟ ಕೊಡಲಾರನೇ.

God never sends mouths but he sends meat.

ಹುಟ್ಟು ಚಾಲಿ ಗಟ್ಟಾ ಹತ್ತಿದರೂ ಬಿಡದು.

What is bred in the bone won't out of the flesh.
cf. He who is born a fool is never cured.

ಹುಣ್ಣು ಮಾದರೂ ಹುಣ್ಣಿನ ಕಲೆ ಮಾದೀತೇ.

Though the sore be healed yet a scar may remain.

ಹುಬ್ಬೆ ಮಳೇಲಿ ಬಿತ್ತಿದರೆ ಹುಲ್ಲೂ ಇಲ್ಲ ಕಾಳೂ ಇಲ್ಲ.
ಕಂಪ ಹೊಲ ಮಾಡುವದಕ್ಕಿಂತ ತುಂಡು ಹೊಲ ಮಾಡ ಬೇಕು.

He that sows in the highway tireth his oxen and loseth his corn.

ಹುಲಿಯು ಮರಿ ಹುಲ್ಲು ಮೇದೀತೇ.

Tis not a basket of hay but a basket of flesh which will make the lion roar.
Eagles catch nae flees.

ಹೂಡುವ ಎತ್ತು ಎಲ್ಲಿ ಹೋದರೂ ಹೂಡ ಬೇಕು.

To what place can the ox go where he must not plough ?
Where shall the ox go but he must labor ?

ಹೆಂಡತಿಗೆ ಏಳು ವರ್ಷ ತೊಟ್ಟಿಲಿಗೆ ಸಂಚಕಾರ.

ಎಮ್ಮೆ ನೀರೊಳಗೆ ಅದೆ ಎರಡಾಗಿ ನಿಂತು ಕ್ರಯ ಮಾಡಿದ.

ಕುದುರೆ ಕಾಣದೆ ಹುರುಳಿ ಬೇಯಿಸುವದೇಕೆ.

ಹೊಟ್ಟೆಯಾಗಿನ ಕೂಸು ಹೊಟ್ಟೇಲಿರುವಾಗ ಪುಟ್ಟಪ್ಪ ಎಂತ ಹೆಸರಿಟ್ಟರು.

Count not your chickens before they be hatched.
Boil not the pap before the child is born.
Make not your sauce till you have caught the fish.

ಹೆಂಡತಿ ಕೆಟ್ಟರೆ ಜನ್ಮ ಕೆಟ್ಟಿತು ಊಟ ಕೆಟ್ಟರೆ ದಿವಸ ಕೆಟ್ಟಿತು.

A man's best fortune or his worst is his wife.
cf. A good wife makes a good husband.
cf. Better be half-hanged than ill wed.

ಹೆಂಡತಿ ಹೆಗ್ಗಡತಿಯಾದರೆ ಗಂಡ ಮೂಳನಾಯಿಗಿಂತ ನಡೆ.

It is a sad house where the hen crows louder than the cock.

ಹೆಗ್ಗಣ ಪರದೇಶಕ್ಕೆ ಹೋದರೆ ನೆಲ ಕೊರೆಯೋದು ಬಿಡದು.

If an ass goes a travelling he will never come home a horse.

ಹೆಡ್ಡನ ಕಂಡರೆ ಹಿಡಿಗೆಯಲ್ಲಿ ನೀರು ಹೊರಿಸುತ್ತಾರೆ.

All cry fie on the fool.

ಹೆಣ್ಣು ಹಾಳು ಎಂತ ಉಳಿಯದು ಭೂಮಿ ಪಾಳು ಎಂತ ಉಳಿಯದು.

If one will not another will so are all maids married.

ಹೆರರ ಬುತ್ತಿಗೆ ಉಳ್ಳಾಗಡ್ಡೆ ಸುಲಿದಂತೆ.

Ne'er scald your lips in other fowlks kail.
Never scald your lips in other folks' broth.

ಹೊಟ್ಟೆ ತುಂಬಿದ ಮೇಲೆ ಹುಗ್ಗಿ ಮುಳ್ಳುಮುಳ್ಳು.

To a full belly all meat is bad.

ಹೊಡೆಯ ಬೇಕೆಂಬವನಿಗೆ ಕೂತ ಮಣೆ ಕೊರಡು.

He that is disposed for mischief will never want occasion.
cf. Where there's a will, there's a way.

ಹೊನ್ನುಳ್ಳವನಿಗೆ ಮಾನ್ಯ ಉಂಟು.
ಧಾನ್ಯ ಹೆಚ್ಚಿದವನಿಗೆ ಮಾನ್ಯ ಬರುವದು.
Wealth makes worship.

ಹೊರಗಿನ ಕಳ್ಳಸನ್ನು ಹಿಡಿಯು ಬಹುದು ಒಳಗಿನ ಕಳ್ಳನನ್ನು ಹಿಡಿಯು ಕೂಡದು.
The table robs more than the thief.

ಹೊರಗೆ ನೋಡಿದರೆ ಕೋಟೆ ಒಳಗೆ ನೋಡಿದರೆ ಓಟೆ.
All is not gold that glitters.

ಹೊಲೆಯುನಿಗೆ ಒಲ್ಲಿ ಕೊಟ್ಟರೆ ಕಲ್ಲು ಕಟ್ಟಿ ಹರಿದಾ.
A favor ill placed is great waste.
cf. Put not an embroidered crupper on an ass.

ಹೊಸ ಅಗಸ ಗೋಣಿ ಒಗೆದಾ.
New brooms sweep clean.

ಹೊಸ ವೈದ್ಯನಿಗಿಂತ ಹಳೆ ರೋಗಿವಾಸಿ.
The best surgeon is he that has been well hacked himself.

ಹೊಳೆಗೆ ಹಾಕುವದಾದರೂ ಅಳದು ಹಾಕ ಬೇಕು.
There should be a principle in everything.
cf. Measure is a good treasure.

ಹೊಳೆ ದಾಟಿದ ವೇಲೆ ಅಂಬಿಗರ ಮಿಂಡ.
ತೀರಕ್ಕೆ ಬಂದ ವೇಲೆ ತೆರೆಯು ಭಯುವೇ.
The danger past and God forgotten.

ಹೊಳೆ ನೀರು ಒಳ್ಳೇದು ಮೊಸಳೆ ಕೆಟ್ಟದು.
Honey is sweet but the bee stings.

ಹೊಸತು ವ್ಮೈಯಲ್ಲಿ ಹಳತು ಹಗ್ಗದಲ್ಲಿ.
New things are most looked at.

ಹೋಗ ಬೇಡಾ ಹೊಗೆ ಹಾಕುತ್ತೇನೆ.

It is a sin against hospitality to open your doors and shut up your countenance.

ಹೋದ ಬದುಕಿಗೆ ಹನ್ನೆರಡು ದೇವರು.

Let that which is lost be for God.
Let what is lost go for God's sake.

ಹೋದರೆ ಒಂದು ಕಲ್ಲು ಬಂದರೆ ಒಂದು ಹಣ್ಣು.

ಆದರೆ ಒಂದು ಅಡಿಕೇ ವುರ ಹೋದರೆ ಒಂದು ಗೋಟಡಿಕೆ.

If lost less will be lost; if won more will be won.
Either win the horse or lose the pack-saddle.

ಹೋದಾ ಪುಟ್ಟಾ ಬಂದಾ ಪುಟ್ಟಾ ಪುಟ್ಟನಕಾಲಿಗೆ ನೀರಿಲ್ಲ.

Ye ride a bootless errand.

ಹೌದಪ್ಪನ ವುನೆಯಲ್ಲಿ ಹೌದಪ್ಪಾ ಅಲ್ಲಪ್ಪನ ವುನೆಯಲ್ಲಿ ಅಲ್ಲಪ್ಪಾ.

To be things to all men.

INDEX.

A

B

C

M

N

S. P. C. K. PRESS, VEPERY, MADRAS—1906.